मोबाइल सम्राट
सुनील भारती मित्तल

मोबाइल सम्राट
सुनील भारती मित्तल

एन. चोक्कन

प्रकाशक

प्रभात पेपरबैक्स

4/19 आसफ अली रोड, नई दिल्ली-110002

फोन : 23289555 • 23289666 • 23289777 ❖ फैक्स : 23253233

इ-मेल : prabhatbooks@gmail.com ❖ वेब ठिकाना : www.prabhatbooks.com

संस्करण

प्रथम, 2015

अनुवाद

लक्ष्मी अय्यर

मूल्य

एक सौ पच्चीस रुपए

अ.मा.पु.स. 978-93-5186-435-6

मुद्रक

आर-टेक ऑफसेट प्रिंटर्स, दिल्ली

———— ★ ————

MOBILE SAMRAT SUNIL BHARTI MITTAL
by N. Chokkan

₹ 125.00

Published by **Prabhat Paperbacks** (A Division of Prabhat Prakashan)
4/19 Asaf Ali Road, New Delhi-2
by arrangement with New Horizon Media Pvt.Ltd

ISBN 978-93-5186-435-6

अपनी बात

एक ऐसे आदमी की कहानी, जिसने पंजाब के लुधियाना शहर से बीस हजार रुपए उधार लेकर व्यापार शुरू किया था और आज दुनिया की पाँच सबसे बड़ी टेलीकॉम कंपनियों में से एक का मालिक है। बात 'एयरटेल' के मालिक सुनील भारती मित्तल की हो रही है, जो एक जमाने में पारिवारिक व्यवसाय के तहत ट्रकों में कपड़ा लादकर और उसी कपड़े के ऊपर बैठ तथा लेटकर यात्राएँ किया करते थे।

सुनील मित्तल पंजाब विश्वविद्यालय से निकले ही थे और एक दोस्त के साथ मिलकर लुधियाना में साइकिलों के स्पेयर पार्ट्स बेचने का काम शुरू किया तथा जल्दी ही जापान से पोर्टेबल जनरेटर मँगाकर बेचने लगे और तभी उन्होंने पाया कि फोन में नंबर लगाने के लिए उँगली से बार-बार घुमाना कितना कष्टकारक होता है, री-डायल की सुविधा नहीं होती है, इसलिए उँगलियाँ दुख जाती हैं। वे सिंगापुर गए और वहाँ पुश बटन फोन देखे तथा भारत का पहला पुश बटन फोन भारती एयरटेल के नाम से बेचना शुरू कर दिया, और वह हिट हो गया। इसके बाद भारत का पहला फैक्स मित्तल ने बनाया और पहला कॉर्डलेस फोन भी वही लेकर आए।

आज वे भारती एयरटेल के मालिक हैं। सुनील भारती मित्तल

की तरक्की का एक बड़ा राज यह है कि उन्होंने तालमैल करने और व्यापार की साझेदारी करने में कभी परहेज नहीं किया। पुश बटन के लिए उन्होंने जर्मनी की सीमंस कंपनी से तकनीकी तालमेल किया था और 1990 में भारत में फैक्स मशीन बनाकर संचार-जगत् में कमाल कर दिया था।

इंटरनेशनल सेवाएँ देने वाले दूसरे बड़े खिलाड़ी समुद्र में बिछी अपनी लाइनों का उपयोग नहीं करने दे रहे थे तो सुनील मित्तल ने सिंगापुर टेलीकॉम के साथ पैंसठ करोड़ डॉलर का समझौता किया और चेन्नई से सिंगापुर तक अपनी ही लाइन डाल दी।

सुनील भारती मित्तल के पिता सतपाल मित्तल कांग्रेस के सांसद थे और बीच में उन्हें भी राजनीति में कई बार बुलाया गया, मगर अब मित्तल कहते हैं कि मेरी जिंदगी मेरे काम के आस-पास ही सिमटी हुई है और मेरे पास राजनीति के लिए वक्त नहीं है। एयरटेल अकेली ऐसी कंपनी है, जिसमें हर कर्मचारी को शेयर्स मिले हुए हैं। मतलब यह कि न कोई मालिक है, न कोई नौकर। टाटा उद्योग समूह को अपना आदर्श माननेवाले सुनील मित्तल योग साधना भी करते हैं और अपनी मर्सडीज गाड़ी चलाते हुए मंत्र पढ़ते रहते हैं। इतना कारोबार बढ़ा लेने के बाद भी सुनील भारती मित्तल अपनी सफलता पर बैठकर घमंड करने वालों में से नहीं हैं। जब भी कोई नया व्यापारिक अवसर मिलता है, सुनील भारती मित्तल उसमें कूद पड़ते हैं और वह भी इतने कमाल से कि लोगों को अचरज होता है कि बंदा करने क्या जा रहा है? बाकी पुस्तक में।

रोमांच से भरी एक सच्ची कहानी, जो निश्चित ही अनुकरणीय है।

—लेखक

अनुक्रम

1

मोबाइल क्रांति

नववर्ष का हर्षोल्लास अभी समाप्त ही हुआ था। 1 जनवरी, 1992 को नई सुबह होगी, यह सोचकर सब सोने चले गए।

अगले दिन आदत के अनुसार सुनील मित्तल दैनिक अखबारों को पलट रहे थे। 'इकोनॉमिक टाइम्स' के एक विज्ञापन की ओर उनका ध्यान गया। पहली बार भारत में मोबाइल फोनों का प्रवेश। सेवा चालू करने के लिए भारत सरकार की ओर से निज़ी कंपनियों को आमंत्रण।

विज्ञापन पर सरसरी नज़र डालकर सुनील उत्सुकता से सिर उठाकर बैठ गए। सालों की प्रतीक्षा, अंत में सपना साकार होने के कगार पर। विज्ञापन को सुनील मित्तल ने दूसरी बार आराम से पढ़ा। एक-एक शब्द, एक-एक वाक्य उनके विश्वास की नींव डाल रहा था।

भारत की अगली प्रौद्योगिक क्रांति यही थी। इस मौके को छोड़ेंगे तो दूसरा मिलेगा या नहीं, निश्चय नहीं था। नया साल मनाने की खुशियाँ उसी पल गायब हो गईं। यह मनाने का समय नहीं, मेहनत करने का समय है। मेहनत करने के जीतने के बाद नया साल आराम से मना सकते हैं।

सुनील ने अपने भाइयों और बिजनेस के अपने दोस्तों को अपने सपने के बारे में बताया। भारत में मोबाइल फोन आनेवाले हैं, उस क्रांति में हमें भी भाग लेना चाहिए।

तब सुनील मित्तल की भारती कंपनी 'बीटेल' नाम से टेलीफोनों की तैयारी में लगी थी। छोटे से स्तर से शुरू करके क्रमशः विकसित होने वाली भारत की अग्रगण्य कंपनियों में वह एक थी। लेकिन बीटेल की सारी तैयारियाँ, साधारण फोन की यानी लैंडलाइन के लिए थीं। मोबाइल फोन के बारे में उन्हें कुछ भी नहीं मालूम था।

यही नहीं भारत में 'मोबाइल फोन' एकदम नया शब्द था। तभी भारत सरकार ने मोबाइल फोन सेवाओं को प्रवेश की अनुमति दी थी। सुनील इस मौके का पूरा फायदा उठाना चाहते थे। उन्हें एक श्रेष्ठ मोबाइल सेवा देने का भरोसा था।

हालाँकि कुछ दोस्तों ने 'फालतू' कहकर मना भी किया। मोबाइल फोन क्या होता है? तीखा है, मीठा है, चबाकर खाने वाली चीज है या निगलने की, किसी को कुछ मालूम नहीं था। मात्र सपना देखने से क्या होगा? उसे सही तरह से लागू करने के लिए

बिजनेस का ज्ञान अवश्य चाहिए न?

मोबाइल सेवाएँ देना कोई मामूली दुकान खोलने वाली बात नहीं थी। शहर भर में टॉवर्स लगाकर सही तरह से नेटवर्क को उपग्रहों के जरिए जोड़ना, अंतरराष्ट्रीय नेटवर्क जोड़ना…इसमें कई तकनीकें जुड़ी होती हैं। इन सबके लिए आवश्यक धन उनके पास कहाँ था!

सुनील मित्तल के दोस्तों ने ये सारे कारण गिनाए। उन्होंने कहा कि अनावश्यक कल्पनाओं से बड़े पैमाने पर मत सोचो। अभी हाथ में जो बिजनेस है, बस उसे सावधानी से देखो, वही सबके लिए अच्छा है।

उनका कहना ठीक ही था। मोबाइल सेवाएँ प्रस्तुत करने की प्राथमिक जानकारी के बिना अगर वे उस क्षेत्र में कूदेंगे तो अपनी अन्य कंपनियों पर ध्यान कैसे देंगे। यह बात सुनील को भी मालूम थी। लेकिन मोबाइल फोन सेवा के क्षेत्र में प्रवेश करने की उनकी इच्छा थोड़ी भी कम न हुई। तुम जरूर जीतोगे, उनका मन बार-बार कह रहा था।

बिजनेस जगत् में मन के भाव की कीमत कम ही थी।

हकीकत में इस क्षेत्र में न उतरना ही ठीक था, यही मित्रों की सलाह थी। सुनील उनके वाद को स्वीकार या इनकार करने की स्थिति में नहीं थे। 'कैसे भी इस क्षेत्र में जीत पाकर वे उनकी बातों को झूठ क्यों साबित नहीं कर सकते।' मन के अंदर यह तड़प थी।

'फैसला किया, सुनील?' उनके भाई ने पूछा।

'छह महीने की छुट्टी चाहिए।'

'दुबारा छुट्टियाँ? क्यों?'

सुनील ने कोई जवाब नहीं दिया। उनकी ये छुट्टियाँ मस्ती के लिए नहीं थीं, मोबाइल क्षेत्र की गहराई जानने के लिए थीं।

अगले कुछ महीने सुनील पूरी दुनिया घूमकर आए। कई देशों में प्रसिद्ध मोबाइल सेवा, संचार केंद्र, विशेषज्ञों से मुलाकातें, बिजनेस की जानकारी, उन्हें भारतीय माहौल के अनुसार कैसे बदलें, इन सबके लिए कितना धन व्यय करना, हिसाब लगाकर उन पैसों की व्यवस्था कहाँ से करना आदि कठिन परिश्रम किया।

इन सबके बीच सुनील को थोड़ी भी थकावट महसूस नहीं हुई। वे पागलों की तरह बस इसी सोच में डूबे हुए थे। इस घोर परिश्रम का फल मिलेगा? मोबाइल सेवा प्रदान करने की कड़ी प्रतियोगिता में कंपनियों से सँभलकर प्रतिस्पर्धा करते हुए वे आगे बढ़ सकते हैं। इस सवाल के लिए अपेक्षित, आवश्यक जवाब मिलने में पूरे दस साल लगे।

उन दस सालों में ही भारतीय दूरसंचार क्षेत्र में कई मोड़ आए, बड़े परिवर्तन हुए और सुनील मित्तल इस क्षेत्र में अपना एक अव्वल प्रतिष्ठित मुकाम बनाने में सफल हुए। आखिर उनकी दिग्विजय यात्रा सफल हुई।

❑

2

बड़े इरादे

'हे भगवान्! यह बच्चा क्या बनेगा?' यह सामान्य सी सोच सुनील मित्तल के माँ-बाप को भी आई। उनका बच्चा कभी नहीं सुधरेगा, वे इसी निर्णय पर पहुँचे।

मेहनत करके इसे पढ़ा रहे हैं। अच्छे विद्यालय में दाखिल करवाया, अध्यापक भी विशेष ध्यान दे रहे हैं, लेकिन हर साल परीक्षा में मुश्किल से पास हो रहा है। इतने भी अंक नहीं आते कि किसी को बताए जाएँ। कौन इसे कॉलेज में दाखिला देगा। कैसे नौकरी मिलेगी? मित्तल के माँ-बाप के मन में दिन-ब-दिन चिंता बढ़ने लगी। शुरुआत में वह मसूरी के 'विनबर्ग अलेन' स्कूल में पढ़ता था। बाद में लुधियाना में आकर पढ़ने लगा। स्थान तो बदल गया, लेकिन उसके स्वभाव में कोई परिवर्तन नहीं आया। कक्षा में जाकर बैठना उसे पसंद नहीं था। हमेशा खेलना, खेलना और खेलना। परीक्षाएँ, पाठ आदि सब उसे बुरे लगते थे।

तब सुनील को जो भी देखता, यही कहकर परेशान होता कि इतने अच्छे माँ-बाप को ऐसा बेटा कैसे हुआ?

सतपाल मित्तल एक स्वतंत्रता सेनानी, पंजाब राज्य के प्रमुख

व्यक्तियों में एक और संसद् सदस्य भी थे। विशेष रूप से समाजसेवक के रूप में उनका अपना सम्मानजनक स्थान था। जनता उनका बड़ा आदर करती थी। कहीं कोई समस्या आ जाती तो वे जरूर मदद करते। समस्या आते ही लोग दौड़कर उनके पास आते थे और वे भी उनकी यथासंभव मदद करते थे।

सतपाल मित्तल ने प्रेम-विवाह किया था। उनकी पत्नी का नाम ललिता था। उनका विवाह अंतरजातीय विवाह था। स्वयं सतपाल वणिक और ललिता खत्री जाति की थीं। उस जमाने में संपन्न यह विवाह समाज सुधार क्रांति की शुरुआत थी।

देशभक्त सतपाल मित्तल को जाति, वर्गगत भेदभाव आदि में विश्वास नहीं था। सभी जाति-वर्ग के लोगों से उन्हें समान प्रेम था। इसी वजह से उन्हें अपने नाम के साथ 'मित्तल' लिखना भी पसंद नहीं था। उस नाम को अपने तक ही सीमित रखने के उद्देश्य से उन्होंने अपने बेटों के लिए ऐसे नाम चुने, जो किसी जाति या वर्ग विशेष से संबद्ध न हों।

भारती का मतलब 'भारतीय' है। इसका किसी खास जाति या वर्ग विशेष से कोई संबंध नहीं है। देशभक्ति को नस-नस में जगानेवाला उज्ज्वल संस्कृति का प्रतीक 'भारती' नाम मित्तल को बहुत पसंद आया।

इसीलिए उन्होंने अपने तीनों बेटों के नाम के साथ मित्तल न जोड़कर उनका नाम राकेश भारती, सुनील भारती, राजन भारती रख दिया। बाद में यही 'भारती' नाम उनका ब्रांड नेम बना।

लेकिन पिता सतपाल के नहीं चाहने के बावजूद, उनके बेटों ने 'मित्तल' नाम पूरी तरह से नहीं छोड़ा और सुनील भारती मित्तल कहलाने लगे।

ठीक है, अब हम वापस सुनील की कहानी की ओर आएँगे। स्कूली परीक्षाओं में कम नंबर लाकर माँ-बाप को तनाव देना सुनील का हमेशा का काम था। माँ-बाप के सामने प्रश्नचिह्न लग गया। यह लड़का सुधरेगा? अभी उसे क्या करना है? कैसे बेड़ा पार होगा इसका?

सतपाल मित्तल के एक परिचित शिक्षक लुधियाना के आर्य कॉलेज के प्राचार्य थे। मित्तल ने उन्हें अपनी चिंता बताई। उन्होंने आश्वासन देते हुए कहा, "फिक्र करने की कोई बात नहीं है, उसे मेरे पास भेजो, मैं देख लूँगा।"

सतपाल मित्तल को कुछ चैन मिला। सुनील को आर्य कॉलेज में दाखिल कर दिया गया—बी.ए. अंग्रेजी, वाणिज्य, राजनीति आदि विषयों में। नाम से ही बोर लगनेवाली डिग्री के लिए साल भर कौन पढ़े। सुनील को बी.ए. पसंद नहीं आया। स्कूल के दिनों की तरह वह कॉलेज में भी मस्ती करने लगा।

साल भर घूमने-फिरने पर साल के अंत में परीक्षा में कौन

लिखेगा? अच्छे नंबर कौन लाएगा? उसके लिए भी एक अच्छा रास्ता निकाला। हर पाठ में से कुछ प्रश्नों को ऊल-जलूल कल्पना से चुनकर और रटकर परीक्षा में लिखना।

इस प्रकार की तैयारी में जोखिम ज्यादा था, लेकिन और कोई उपाय भी नहीं था। सही समय पर कक्षा में जाना, हर रात पाठ को पढ़कर याद करना, उसके लिए संभव नहीं था। शिक्षक जो भी पढ़ाते हैं, उसे याद करके उसके आधार पर अपनी ओर से लिखने वाली बुद्धि भी उसके पास नहीं थी।

इसलिए परीक्षोपयोगी प्रश्नों में से दस या पंद्रह प्रश्न चुनकर उनके उत्तर रटकर परीक्षा देना। उन्हीं मे से चार या पाँच वैसे तो आ जाते हैं। उन्हें लिखकर बॉर्डर नंबर के साथ उत्तीर्ण हो जाना है। उसी हिसाब से उसने पूरी परीक्षाओं की तैयारी की। हरेक परीक्षा उसके लिए अग्नि-परीक्षा होती थी। उस अग्नि-परीक्षा में वह कैसे भी पास हो ही जाता था।

सुनील की पढ़ाई में तो रुचि नहीं थी, लेकिन कॉलेज के विद्यार्थियों व शिक्षकों के बीच उसका अच्छा नाम था, क्योंकि वह टेबल टेनिस, बिलियड्र्स आदि का अच्छा खिलाड़ी था। बिलियड्र्स में एक राउंड में अगर सुनील हारता तो दूसरे राउंड में जी-जान लगा देता। यही उसके स्वभाव की विशेषता थी। 'हार' को वह कभी नहीं स्वीकारता था। जीतने तक संघर्ष करना उसका गुण था।

इस गुण को उसके पिता सतपाल मित्तल ने पहचाना और बाकी दो बेटों से ज्यादा इस पर अटूट विश्वास रखा। जब-जब समय मिलता, वे सुनील को प्रेरणा, स्फूर्ति देते। तुम 'यह करो, वह करो' ऐसा मैं नहीं कहूँगा। तुम पर कोई बंदिश नहीं, जो चाहे कर लो। मेरा पूरा सहयोग तुम्हारे साथ होगा।

माँ ललिता की तो चाह थी कि सुनील वकील बने, क्योंकि बचपन से उसमें वाद-विवाद की विलक्षण प्रतिभा थी। इसलिए वे बी.ए. के बाद बेटे को एल.एल.बी. कराना चाहती थीं। लेकिन सुनील को वह पेशा नहीं भाता था। अधिक-से-अधिक कमाना ही उनका एकमात्र सपना था।

जिस प्रकार कोयंबटूर शहर दक्षिण के मंदिर के नाम से प्रसिद्ध है, उसी प्रकार पंजाब का लुधियाना मैनचेस्टर के रूप में। मैनचेस्टर इंग्लैंड का एक प्रमुख औद्योगिक शहर है। दुनिया भर में औद्योगिक क्रांति के लिए वह प्रसिद्ध है।

लुधियाना में महीने भर की तनख्वाह लेकर काम करने वाले बहुत कम मिलते हैं। सभी लोग आमतौर पर खुद के व्यवसाय पर निर्भर हैं। इसका मतलब यह नहीं कि बड़ी-बड़ी फैक्टरियाँ, करेंसी नोटों के बेड़े हैं। वहाँ झोंपड़ी में रहकर भी पेशा करने वाले हैं। एक छोटा मकान और उसकी छत पर कुछ-न-कुछ धंधा करके जीवन चलाने वाले अधिक हैं।

छोटे काम-धंधों से शुरू करके प्रगति करने वाला लुधियाना शहर भारत के प्रगतिशील शहरों में एक रहा है। यहाँ हर गली में कम-से-कम आठ उद्योगपति रहते हैं। सीधा-सादा जीवन गुजारने वाले, लेकिन बाद में अमेरिका, यूरोप, रूस आदि देशों में आयात करके कमा लेते थे। सुनील का भी वही सपना था।

सन् 1976 में पंजाब विश्वविद्यालय से बी.ए. की डिग्री लेकर अपनी उम्र के अठारहवें बसंत में उन्होंने पहले-पहल व्यापार शुरू करने का इरादा किया।

कौन सा बिजनेस करे? उसने अपने दोस्तों से, रिश्तेदारों से पूछताछ की। मुझे बड़ा बिजनेस करना है, कोई सलाह देगा? उनकी

बातों को सुनकर वे सब हँसते थे, "पागल कहीं का, बड़े-बड़े बिजनेस टाटा, बिड़ला के हाथों में हैं। बाकी जो भी बचा हुआ है, वे सब टुकड़े हैं, उन टुकड़ों पर ही तुम्हारा अधिकार है।"

"इसका मतलब?" सुनील ने पूछा।

"सुनील, भावुक मत होओ। हकीकत की बात सोचो। तुम्हारे पिता राजनीतिज्ञ हैं। कांग्रेस में उनका स्थान विशिष्ट है। उनकी सिफारिश से एक सरकारी नौकरी ढूँढ़ लो। अगर बिजनेस ही करना है तो पिताजी की मेहरबानी से एक पेट्रोल पंप या गैस एजेंसी ले लो। महीने भर पैसों की वर्षा होगी। जीवन किसी भी समस्या के बिना गुजर जाएगा।" किसी ने सुझाया।

सुनील मित्तल विस्मित हो गए। "सरकारी नौकरी? गैस एजेंसी? ये सब काम मुझे क्यों करने हैं? मैं अपने मन के विशाल आसमान को छूने वाले सपने कहाँ रखूँ? इनमें छोटे-मोटे काम कहाँ?" सुनील का खून खौलने लगा।

❑

3

बड़ा काम, बड़ा नाम

'दुनिया में सिर्फ टाटा, बिड़ला ही अमीर हैं। उनके जैसे क्या हम आगे नहीं बढ़ सकते?' नहीं, कदापि नहीं। कुछ लोगों ने कहा, 'ऊल-जुलूल कल्पना करके कोई व्यवसाय शुरू मत करो।'

सुनील मित्तल काफी निराश हुए। पर उस समय कोई उपाय भी न था। आधे-अधूरे मन से कोई सामान्य व्यवसाय शुरू करने का इरादा किया। लुधियाना में साइकिल के विभिन्न पुरजों का उत्पादन व साइकिल बनाना। हीरो, एवन आदि प्रमुख साइकिलें लुधियानों में ही बनती हैं। इनके अलावा कई साइकिलों के कल-पुरजे भी वहाँ बनते हैं।

भारत में साइकिलों के आविष्कार का श्रेय लुधियाना को ही जाता है साइकिल निर्माण में लुधियाना को सुपर स्टार कहें तो कोई अतिशयोक्ति नहीं होगी। लुधियाना में साइकिलों के उत्पादन व निर्माण से जुड़ी तीन हजार से ज्यादा कंपनियाँ हैं। हर दस लोगों में एक अवश्य साइकिल के धंधे से जुड़ा है।

साइकिल नगर कहलाने वाले लुधियाना में सुनील मित्तल को

क्या मौका मिलेगा? मित्तल ने अपने कॉलेज के दोस्त के साथ मिलकर साइकिल के विभिन्न पुरजों का निर्माण करने वाली एक छोटी कंपनी शुरू करने का इरादा दिया। छोटी कंपनी शुरू करनी है तो भी कम-से-कम बीस हजार की आवश्यकता होगी। उस जमाने में वह बड़ी रकम थी।

मित्तल ने पिता सतपाल मित्तल से बीस हजार रुपए उधार लेकर कंपनी की शुरुआत की। बाद में सन् 1976 में साइकिल क्रैंक, शॉफ्ट उत्पादन करने वाली कंपनी भी शुरू की।

सुनील की नई कंपनी में करीब 25 लोग काम करते थे। वहाँ तैयार होने वाले साइकिल के पुरजों को हीरो, एवन जैसी बड़ी-बड़ी कंपनियाँ खरीदने लगीं। फलतः शुरू से उन्हें अच्छा लाभ प्राप्त हुआ।

लेकिन यह धंधा सुनील को 'कूप मंडूक' जैसा लगता था। अतः उनका मन नई खोजों में लगा रहता था। लुधियाना में साइकिल बिजनेस के अलावा और कुछ बड़ा बिजनेस, एकदम नया क्यों नहीं कर सकते?

उनकी खोज के उपरांत दो जवाब मिले–एक तो कपड़ा बुनने वाली कंपनी, दूसरी स्टेनलेस स्टील के बरतनों को तैयार करने वाली कंपनी। 18 की उम्र में अपनी पहली कंपनी शुरू करने के कुछ साल बाद सुनील तीन कंपनियों के मालिक बन गए। लेकिन उनके मन में लगातार विचारों की लहर दौड़ रही थी। छोटी-मोटी कंपनियाँ, कुछ हजार रुपए ज्यादा हों तो मुनाफा कुछ एक या दो लाख।

बड़े लाभ की बात छोड़िए। सुनील मित्तल बड़े क्षितिज की सोच में थे और लुधियाना में ही उनका नाम हुआ तो वे भारत के प्रमुख उद्योगपतियों में से एक कैसे बनेंगे? अपने छोटे-मोटे उद्योगों से हटकर कुछ बड़े स्तर के उद्योगों के पीछे उसका मन दौड़ रहा था।

छोटे से धंधे को बड़ा करना एकमात्र रास्ता है। पूँजी ज्यादा होनी चाहिए। उसी से उत्पति को बढ़कर तैयार चीजों को भारत भर में बेच सकते हैं। लेकिन उसके लिए आवश्यक धन कहाँ से आए? उस समय भारत की आर्थिक स्थिति उतनी ठीक नहीं थी। आपातकाल की समस्याओं से उद्योगपति परेशान थे। व्यापार वृद्धि भी अनिश्चित थी।

ऐसे हालात में ज्यादा मौके आसमान से तो नहीं आते। कितनी ही कोशिशों के बावजूद वे लुधियाना को छोड़कर बाहर झाँक भी नहीं सकेंगे। कोई उपाय नहीं था। हाथ में जो भी छोटा-मोटा व्यापार था, वे उसकी देखभाल करके थोड़ा आगे जाने की सोच में थे। लुधियाना के लघु उद्योग बाजार को अपना बिजनेस स्कूल मानकर मित्तल ने अपना व्यापार शुरू किया।

"सुनील," किसी ने सुझाया, "तुम्हें और पूँजी चाहिए? तुम बैंक से उधार क्यों नहीं ले सकते?"

"उधार? कौन देगा? कितना देगा?"

"तुम्हारे व्यापार के विकास के अनुसार कई लाख रुपए तक उधार मिल सकता है।"

बस, सुनील मित्तल के उत्साह का ठिकाना न रहा।

बैंक से ऋण लेने के लिए आवश्यक दस्तावेज फटाफट तैयार किए। एक अच्छे दिन बैंक अधिकारी उनके उद्योग को देखने कंपनी आए और कहने लगे, "सब कुछ ठीक है। तुरंत सुनील का सवाल था, "तो मुझे ऋण दे देंगे न?"

"बिलकुल।" कहकर अधिकारी ने ऋण संबंधी दस्तावेजों पर मित्तल तथा एक गारंटर के हस्ताक्षर माँगे।

"गारंटर?"

ये सब मित्तल को अजीब सा लगा। उधार मैं लेता हूँ, दूसरा आदमी उसका जिम्मा कैसे लेगा? लेकिन अधिकारी ने स्पष्ट रूप से कह दिया, "अगर कोई गारंटी देते हुए हस्ताक्षर करेगा, तभी बैंक से ऋण मिल सकता है।"

सुनील की कंपनी के निकट ही उनके पिता के दोस्त रहते थे। वे उनके पारिवारिक मित्र भी थे। लुधियाना में उनका बड़ा नाम था। उनसे पूछते हैं। बैंक अधिकारी से कागज लेकर मित्तल उनके पास गए। ऊपर से नीचे देखकर उन्होंने हाथ हिला दिया।

सुनील मित्तल के जीवन में वह पहला धक्का था। क्या मैं एक लाख रुपए के लायक भी नहीं हूँ। पैसों से रिश्ता कैसे बनता है, तभी सुनील को दुनिया की रीति मालूम हुई। सारी बातें जानकर सतपाल मित्तल आग बबूला होते हुए बोले, "तुम मेरे नाम का इस्तेमाल करके अपना व्यापार चला रहे हो।"

"पिताजी! मैंने बस लोन पेपर पर साइन करने को कहा था।

वे आपके दोस्त हैं इसीलिए।''

''रिश्ता, मित्रता दोनों बाद में, बिजनेस में हमेशा हमें अपने पैरों पर ही खड़ा होना चाहिए।''

बिजनेस में ही नहीं, जीवन में भी सुनील मित्तल को सीख मिली। उस दिन से आज तक उसकी दृष्टि में बिजनेस अलग है, रिश्ते, संबंध अलग हैं। इस घटना के बाद उनका बचपना दूर होने लगा। गंभीरता से पूर्ण नजरें, एकाग्रता, सूक्ष्म दृष्टि, कड़ी मेहनत, ये सब उनके लुधियाना में सीखे गए अनुभव हैं।

बैंक-उधार के अलावा कई विषयों की जानकारी, अपने विकास के लिए कई तरह के लोगों से मिलने वाले अनुभवों से मिली थी। दूसरों से कैसे मिलना है, कैसे व्यवहार करना है, क्या-क्या नहीं बोलना है, इसमें कुशल होकर वे उधार में वस्तुएँ खरीदने लगे, जिससे ज्यादा पूँजी के बिना विकास करने लगे।

उत्पाद को समय पर बेचकर पैसे वसूल करना, उधार समय

पर चुकाना तथा अनावश्यक खर्चों को कम करके एकाग्रता से बिजनेस करने पर लाभ मिलने लगा। उसे पूँजी के रूप में लेकर काम चलाने पर कंपनियाँ बढ़ने लगीं।

दूसरी बात, निर्माण में लगातार सुधार से उनके उत्पादों का स्तर बढ़ता गया। लोग उनसे मिलने, ढूँढ़ते हुए आने लगे। जो काम बड़ी-बड़ी कंपनियों में लाखों में वेतन पाने वाले एम.बी.ए. करते थे। वे सब यहाँ बी.ए. तक पढ़े, 'पास' नंबर पाए सुनील करते थे और उनकी ख्याति दिन-दूनी रात-चौगुनी होकर बढ़ रही थी।

ये सारे अनुभव उनके बाद के जीवन में आने वाली बड़ी घटनाओं के लिए काफी उपयोगी रहे। शुरुआत में अनिच्छा से इस व्यापार में उतरे सुनील का मन अब अपने व्यापार में रमने लगा था। लेकिन लुधियाना से बाहर जाने की उनकी चिर इच्छा अंदर-ही-अंदर आग बनकर सुलग रही थी। वे मौके को पकड़ने को तैयार थे।

"लेकिन क्या ऐसा एक मौका मिलेगा? या इसी लुधियाना में मेरा जीवन समाप्त हो जाएगा?"

❑

4

लुधियाना से मुंबई होते हुए दिल्ली

बचपन से ही सुनील मित्तल में सहनशक्ति की कमी थी। किसी भी बात को कुछ मिनटों से ज्यादा सोचने का समय उनके पास नही था। यह बात बहुत बोर लगती है, कहकर दूसरी ओर पलट जाते थे। अब भी सुनील की मन:स्थिति वही थी।

तभी तो उन्होंने अच्छे लाभ से चलने वाली अपनी सारी संस्थाओं को बेचकर मुंबई जाने का इरादा बना लिया। उनके निर्णय को पलटने का साहस किसी ने नहीं किया। सुनील के भागीदार दोस्त ने कंपनियों को खुद खरीद लिया। प्राप्त कुछ लाख रुपयों के साथ मित्तल मुंबई पहुँच गए।

उसके बाद उन्होंने पीछे मुड़कर नहीं देखा। लुधियाना से मुंबई, वहाँ से दिल्ली, वहाँ से अब सारी दुनिया पर नजर डाल रहे हैं। खास बात यह है कि सन् 1979 में सुनील मित्तल ने जिस साइकिल क्रैंक शॉफ्ट उत्पादन संस्था को छोड़ा था, वह आज अत्यंत लाभकारी संस्था के रूप में प्रसिद्ध है।

सुनील मित्तल को इस बात की फिक्र नहीं थी। लुधियाना

में जिसे छोड़ दिया है, उसकी सोच भी उन्हें न आई। भविष्य में क्या करना है, उसके बारे में सोचने लगे। लुधियाना में निर्माण व्यवसाय में थे, अब विक्रय के व्यवसाय में लगना चाहते थे। उसके तीन कारण थे–

पहला, किसी वस्तु के उत्पाद में लगा जाए तो उस पर बराबर ध्यान रखना जरूरी है। धन व समय एक ही उद्योग में

पूँजी के रूप में डाल दें तो नए मौकों से वंचित रह जाएँगे और आगे नहीं बढ़ सकते।

दूसरा कारण, उत्पाद क्षेत्र में बिजनेस करना है तो ज्यादा मूलधन की आवश्यकता होती है। लेकिन विक्रय में कुछ ही पूँजी की जरूरत होती है। उससे होने वाले लाभ को दुबारा पूँजी के रूप में लगाया जा सकता है।

तीसरा कारण, उस समय उत्पाद इकाई की स्थापना कोई मामूली बात नहीं थी। सभी पर सरकार का नियंत्रण था। सुनील जैसे उद्योगपति को उनके साथ लड़ाई करके लाइसेंस लेना मुश्किल था। इन तमाम बातों को सोचकर उन्हें उत्पाद से बिक्री का धंधा अच्छा लगा। उनके दोनों भाइयों ने उनका समर्थन किया और वे भी उनके साथ जुड़ गए। सन् 1980 में राकेश, सुनील, राजन–तीनों ने मिलकर एक नई आयात कंपनी शुरू की। उसका नाम रखा–'भारती ओवरसीज ट्रेडिंग कॉर्पोरेशन'।

इस कंपनी के द्वारा वे कई प्रकार की चीजों को विदेशों से भारत लाने लगे। पहले स्टेनलेस स्टील, उसके बाद प्लास्टिक आदि। विदेशों में आयात करना आसान था, फिर उसे देश भर में भेजकर बेचना कठिन हो रहा था।

सुनील मित्तल इस चुनौती को स्वीकारने को तैयार थे। भारत में कौन-कौन सी चीजों की माँग अधिक है, उन सबकी जानकारी लेकर उन्हें बाहर से आयात करने लगे। दिल्ली, कलकत्ता आदि शहरों से शुरू करके देश भर में खुद घूमकर बेचने लगे।

इसके लिए अकसर भारत भर में सफर करना पड़ा। ज्यादातर जेब में पर्याप्त पैसे नहीं होते थे। रेल में बिना आरक्षित डिब्बों में खड़े-खड़े भी कई बार सफर किया। सुनील को एक जगह

रुककर आराम करने का भी समय नहीं मिलता था। सुबह एक जगह पर, शाम दूसरी जगह पर जाना पड़ता था। इसी प्रकार दिन भर सफर करते थे।

कई बार ऐसा भी हुआ कि टिकट लेने के लिए पैसे हाथ में नहीं होते थे। बिजनेस चलाना हो तो जैसे भी बने, जाना ही पड़ता है। वे अपने सामान के साथ ही ट्रक में बैठते और उसी पर लेटकर सो जाते थे।

अगर अगले दिन तय वक्त पर ग्राहकों को माल सौंप दिया, तभी पैसे मिलेंगे। सफर करते वक्त अपने पर्स को बड़ा जिप डालकर वे बंद करके रखते थे। बड़े-बड़े होटलों में ठहरेंगे तो पैसे बेकार ही जाएँगे, सोचकर छोटी-छोटी जगहों को ढूँढ़कर वहाँ ठहरते थे। इसके अलावा खान-पान, यातायात सब में कम खर्च करते थे।

घर में रहते वक्त भी वे समय बरबाद नहीं करते थे। स्कूटर लेकर मुंबई में जगह-जगह घूमकर ग्राहकों को पकड़ते थे। बाकी समय अपनी दुकान के बाहर एक स्टूल पर बैठकर आने-जाने वाले लोगों का मुसकराहट से स्वागत करते थे। उनकी मुसकान के लिए ही लोग आकर कुछ-न-कुछ लेते थे।

उस समय मित्तल बंधु एक दिन में कम-से-कम 16 घंटे मेहनत करते थे। कभी-कभी 18 घंटे और उससे भी ज्यादा। इतनी मेहनत के बावजूद उन्हें बिजनेस में ज्यादा सफलता नहीं मिली।

दिन भर मेहनत करके थकान के साथ रात में सोते वक्त सुनील के मन में एक ही विचार बचा रहता, कल का दिन अच्छा रहेगा, ज्यादा पैसे, सफलता मुझे ढूँढ़ते हुए आएँगे—यही बार-बार सोचकर सोते थे। यहीं उनके जीतने का तारक मंत्र है, जिसने

सकारात्मक गति से उन्हें विजयी बनाया। लेकिन जितने ही संघर्ष, मेहनत के बावजूद महीने के अंत में हाथ में कम पैसे बचते और उनके लिए भी कितने बैंक व ग्राहकों को मनाना पड़ता।

लेकिन सुनील मानते थे कि मैं बिक्री करने की पूरा क्षमता का सही उपयोग करूँ तो उन्नति पा सकता हूँ। लुधियाना से मुंबई आए दो साल हो गए। ज्यादा कुछ भी नहीं मिला। मुंबई में तो विजय नहीं पा सके। उससे भी बड़े शहर की ओर जाने की सोच में भाइयों के साथ दिल्ली आ गए।

सुनील मित्तल के पिता सतपाल उस समय राज्यसभा के सांसद थे। दिल्ली में उनका सरकारी आवास था। उसी में तीनों भाई रहकर व्यापार देखने लगे। दिल्ली का नेहरू प्लेस एक महत्त्वपूर्ण बिजनेस केंद्र है, यहीं सुनील मित्तल ने अपना कार्यालय खोला।

सन् 1980-81 का समय था। स्वतंत्रता पाकर 30 साल होने के बावजूद लोगों के मन में विदेशी वस्तुओं का मोह गया नहीं था। उसे मित्तल ने ठीक से पहचाना और आयात-निर्यात का निर्णय करके बिजनेस शुरू किया।

सभी लोग विलायत से चीजें मँगवाएँगे तो राष्ट्रीय व्यापारियों का माल खराब होगा। यही सोचकर भारत सरकार ने कई नियम बनाए और कुछ चीजों के आयात को बिलकुल रद्द कर दिया।

इससे मित्तल परिवार को भारी नुकसान की स्थिति आ गई। बिजनेस में इसके पहले भी कुछ-न-कुछ समस्याओं के कारण अधिक लाभ नहीं मिला। अब तो विषम परिस्थिति बन गई।

सुनील मित्तल समय पर जाग उठे। हमारा काम तो आयात-निर्यात है, तो सरकार की अनुमति से जिन वस्तुओं को कर सकते हैं, उन्हीं को करेंगे। क्यों सरकार के खिलाफ जाएँगे।

सरकार द्वारा आयात-निर्यात के लिए मिली अनुमति के अनुसार वस्तुओं की सूची का मनन करके मित्तल उन्हीं का आयात करने लगे।

उसके बाद सरकारी नियम दिन-ब-दिन बदलने लगे। कठिन नियम, उप नियम छूटे। कई प्रकार की शर्तों आदि का सुनील ने सूक्ष्म अध्ययन यहाँ तक किया कि सोते सुनील को उठाकर पूछे तो भी बता सकते थे। यहाँ तक कि अन्य कंपनियाँ विचार-विमर्श के लिए सुनील को बुलातीं और आयात-निर्यात से जुड़े समस्त संदेहों के उत्तर उनसे जान लेतीं।

सुनील मित्तल का आयात-निर्यात बिजनेस अब दिन दुगुना रात चौगुना उन्नति करने लगा। लाभ मिलते ही दिल्ली के आजाद अपार्टमेंट्स के पास अपना मकान ले लिया। तब भी सुनील के व्यवहार में कोई खास परिवर्तन नहीं आया। दो पहिया या ऑटो आदि में शहर भर घूमते-घूमते बिक्री करते थे। रेल में पूरे भारत का सफर करते थे।

क्यों जीवनशैली बदलनी है? हमने क्या पाया? लुधियाना से

मुंबई में थोड़ा ज्यादा कमाया, उससे ज्यादा यहाँ मिल रहा है। बस उतना है, हमारी मंजिल अभी दूर है। सुनील जिसकी अपेक्षा करके बैठे थे, वह जीवन का महत्त्वपूर्ण मोड़ उसी साल के अंत में उन्हें ढूँढ़ते हुए बड़ी सरलता से उसके जीवन में आ गया।

❑

5

सपना या हकीकत

दिल्ली का बंगाली मार्केट एक प्रमुख व्यापार केंद्र है। वहीं सुनील मित्तल ने एक छोटी सी दुकान खोली–लोहा बेचने की दुकान। मुंबई एवं दिल्ली में सुनील मित्तल का प्रमुख व्यापार स्टील बिक्री का था। अन्य निर्यातों में से वही अच्छा फायदा देने वाला व्यापार था।

एक दिन सुनील स्टील व्यापार के संबंध में एक एजेंट से मिलने आए। इधर-उधर निगाहें डालने पर एक अजनबी ने उन्हें अपनी ओर खींच लिया। कौन है वह अजनबी? विदेशी लगता है। किस देश का है? क्यों भारत आया है? यात्री हो सकता है? अगर घूमने आया तो उसे लोहे के एजेंट से क्या काम हो सकता है?

ऐसी ही बातें दिमाग में घूमने लगीं। बातों के बीच में सुनील ने भारत आने की वजह पूछी तो फटाफट अपनी रामकहानी सुनाने लगा।

तब पता चला कि वह विदेशी यात्री नहीं बल्कि जापान की सुजुकी कंपनी का विक्रय प्रतिनिधि है। उस समय सुजुकी कंपनी

जनरेटर निर्माण की तैयारी कर रही थी। उन जनरेटरों को बेचने उनके आदमी भारत आए थे। लेकिन इतने बड़े देश में भी उन्हें खरीदने का साहस किसी ने नहीं जुटाया।

वह जनरेटरों के बारे में बताने लगा। सुनकर सुनील मित्तल के आश्चर्य का ठिकाना नहीं रहा।। एक डोरी को खींचने से बिजली तैयार होकर बत्तियाँ जलेंगी, पंखे चलेंगे! मित्तल को अपने बचपन की, खासकर स्कूली दिनों की याद हो आई। वे स्मृतियों में पीछे चले गए।

लुधियाना में बिजली बार-बार चली जाती थी। खासतौर पर गरमी के मौसम में जब विद्यार्थी परीक्षा की तैयारियाँ करते थे। ऐसी कई रातें मित्तल ने मच्छर का दंश सहते हुए काटी थीं। उस समय ऐसे जनरेटर होते तो कितना फायदा होते। काश! उन दिनों में यह सुविधा होती तो लंबी प्रतीक्षा कम होती। बिजली की प्रतीक्षा किए बिना आराम से रातें कटतीं। सोचते-सोचते मित्तल पुलकित हो गए।

लुधियाना ही नहीं, भारत भर में अब भी यह समस्या जारी है।

बिजली की समस्या से त्रस्त लोगों को यह जनरेटर जरूर लाभ देगा। लेकिन जनरेटर कोई खरीदता नहीं, ऐसा क्यों? मित्तल सोचने लगे। सोच-सोचकर मित्तल विस्मित होने लगे। भारत जैसे बिजली कट वाले देश में जनरेटर न खरीदने वाले लोग अवश्य ही नादान हो सकते हैं।

अचानक सुनील मित्तल के अंदर बैठा व्यवसायी जाग उठा। मौके को पकड़, छोड़ मत। सुजुकी प्रतिनिधि को मित्तल उत्सुकता से देखने लगे। आयात अगर करना ही है तो लोहा ही क्यों? जनरेटर क्यों नहीं? इन्हीं जनरेटरों को खरीदकर अपने शहरों में बेचें तो क्या होगा?

इस चिनगारी के अंदर उठते ही उनका मन जनरेटरों को भारत

भर में बेचने की कई प्रणालियाँ रचने लगा। जब सुनील ने उस विदेशी को यह बताया तो वह अचरज में डूब गया। पूछने लगा, "क्या आप हमारे जनरेटरों को बेचना चाहते हैं? सच?"

मित्तल ने उसे आश्वासन देते हुए कहा, "मुझे आपके जनरेटरों पर विश्वास है। दूसरों की बात छोड़िए। भारत में इनकी माँग ज्यादा है।"

"यही मैंने भी कहा, लेकिन कोई समझता ही नहीं।"

विदेशी ने होंठ दबाते हुए उदास होकर पूछा, "सच में आपको इनमें रुचि है?"

"ऐसा क्यों पूछते हैं?"

"देखने में छोटे लग रहे हैं। यह आप कर लेंगे?"

सुनील मित्तल मुसकराने लगे। अठारह साल में जब उन्होंने अपने व्यापार की शुरुआत की, तब से लेकर सभी लोग वही सवाल पूछ रहे हैं। यह तो कोई नया सवाल नहीं। इस जापानी को भी वही सूझा।

सुजुकी बिक्री प्रतिनिधि अपने मन की बातें कहने लगा, "मैं 15 दिन से लगातार घूम रहा हूँ। सारी बातें सुनकर लोग बस चुप रह जाते हैं। लेकिन लेते नहीं है। सिर्फ आप ही इतनी उत्सुकता दिखा रहे हैं।"

तो मुझे भारत भर में बेचने का मौका देंगे?" मित्तल ने पूछा।

"सोचूँगा।"

"अच्छी तरह से सोचिए। लेकिन मैं एक शर्त पर खरीदूँगा कि भारत भर में आपके जनरेटर की बिक्री हमारे हाथों होगी, किसी और को आप नहीं बेचेंगे। मेरी यह एक विशेष शर्त आपको माननी होगी। "

सुनील मित्तल की निडरता एवं अपनी बात दूसरों तक पहुँचाने की कला से वह संतुष्ट हुआ। उनकी शर्त के अनुसार अपने जनरेटरों को बेचने की पूरी जिम्मेदारी ही उन्होंने 'भारती' कंपनी को देने का निर्णय ले लिया। यह घटना सुनील मित्तल व उनके भाइयों के जीवन का एक नया मोड़ थी।

वे जनरेटर बेचने लगे। इन दोनों व्यापारों के बीच का संबंध जानना है तो मैं एक उदाहरण पेश करूँगा। एक कलम या पेंसिल के व्यापारी से कलमें, पेंसिलें लेकर दो व्यक्ति (व्यक्ति अ), (व्यक्ति ब) बेचना चाहते हैं। दोनों थोक व्यापारी हैं।

व्यक्ति अ का संपर्क कई स्कूली अधिकारियों से, प्रधानाध्यापकों से है। लेकिन व्यक्ति ब को नहीं मालूम। वह गली-गली घूमकर कलमें, पेंसिलें बेचेगा या अपनी ही एक दुकान खोलकर 'यहाँ अच्छी कलमें बिकती हैं' का बोर्ड लगाकर बैठ जाएगा।

जबकि व्यक्ति अ के लिए विज्ञापन की आवश्यकता नहीं। लेकिन व्यक्ति ब को अच्छी तरह से विज्ञापन करके, जनता के बीच में अच्छा सिद्ध होकर ही व्यापार में लाभ होगा।

अब तक सुनील मित्तल का व्यापार व्यक्ति अ की तरह का था। लेकिन अब व्यक्ति ब की तरह व्यापार करना है, क्योंकि जनरेटर क्या है? उसकी उपयोगिता की विस्तृत जानकारी, उसके लाभ आदि, उसका दाम क्या है, महीने भर में कितना खर्च होगा। जनरेटरों की अच्छी जानकारी देकर लोगों को समझाना पड़ेगा, तभी वे खरीदेंगे।

सुनील मित्तल के लिए यह एकदम नया अनुभव था। अब तक बिक्री से ही परिचित सुनील अब मार्केटिंग, विज्ञापन में भी दिमाग लगाने लगे। उनकी सोच के अनुसार सुजुकी जनरेटरों को

भारत में बहुत सम्मान मिला था। पंखे-कूलर आदि चलाने के लिए लोग जनरेटर खरीदने लगे। उस जमाने में किसी भी चीज के निर्यात में उससे ज्यादा कर चुकाना पड़ता था, जिससे उस चीज का दाम खूब बढ़ जाता था।

सुजुकी जनरेटर का दाम भी अधिक था। लेकिन लोगों ने उसकी परवाह नहीं की। उससे मिलने वाले लाभ के सामने दाम की बात बेमानी हो गई। इससे 'भारती' कंपनी को खूब लाभ मिलने लगा।

सुनील खूब मेहनत करते। खुद जनरेटरों को ऑटो में लेकर सार्वजनिक जगहों, ग्राहकों के घरों में जाकर उसे चलाकर दिखाते थे। उससे संतुष्ट होकर लोग उन्हें खरीदने लगे।

शुरुआत में दिल्ली के बाद भारत भर में बेचना शुरू किया। भारत में नेटवर्क तैयार किया। कोलकता, मुंबई जैसे शहरों में बिक्री-केंद्र खुल गए। विज्ञापनों की होड़ मची। इस जोखिम का फल बहुत बढ़िया मिला। सुनील ने धीरे-धीरे दुनिया भर के बड़े जनरेटर विक्रेताओं में श्रेष्ठ विक्रेता के रूप में नाम कमा लिया।

शुरुआत में सुनील पर संदेह करने वाली सुजुकी कंपनी अब उन्हें सिर-आँखों पर बिठाकर यश गान करने लगी। ऐसी विजय की कल्पना स्वयं सुनील ने भी नहीं की थी।

सुनील को यह व्यापार-संबंध अच्छा लगा। हालाँकि सुजुकी जैसी बड़ी कंपनी के सामने 'भारती' कुछ भी नहीं थी। सुजुकी के अधिकारियों, उत्पादकों से मिलकर सुनील ने काफी सीख लिया। यह अनुभव बाद में उनके खूब काम आया।

सुनील को सफलता मिलने पर उनसे एक साक्षात्कार में यह सवाल पूछा गया, "कॉलेज में एक मामूली से या कहें तो महामूर्ख

विद्यार्थी थे आप। लेकिन निजी जीवन में एक सर्वश्रेष्ठ कंपनी चलाने वाले महाप्रबंधक कैसे बने?''

जवाब देते हुए मित्तल ने कहा, ''मेरे साथ काम करने वाले पार्टनर बहुत सफल थे। उनसे मिले अनुभव को अपने अनुभव से मिलाकर काम ले रहा हूँ।''

सुजुकी से मिला अनुभव सुनील मित्तल के बहुत काम आया। एक छोटे से गोल दायरे में घूमने वाली भारती कंपनी अब देश भर में फैल गई। जबरदस्त विकास, आमदनी, लाभ, छत फाड़कर धन वर्षा। यह सब देखकर सुनील चकित हो गए। यह सपना है या हकीकत।

और यह सोचते-सोचते उनका सपना टूट गया!

❑

6

ठोकर

एक नए बाजार को शुरू करना कठिन है, जबकि उसका अनुकरण करना आसान। कुछ साल पहले तक हवाई जहाज में सफर करना भारत में सपने जैसा था। खासकर मध्यवर्गीय परिवार अधिक खर्चे की वजह से उसकी कल्पना भी नहीं कर सकते थे।

इसे बदलने के प्रयास में एयर डेक्कन नामक कंपनी शुरू हुई। अनावश्यक खर्चों को कम करके, टिकट का शुल्क भी लोगों के स्तर तक, उनके निकट तक लेकर आई। उसके बाद क्या हुआ? उसकी विजय को देखकर ढेर सारी कंपनियाँ सस्ते टिकटों में वैमानिक सेवाओं का श्रीगणेश करने लगीं। उसी की वजह से एयर डेक्कन के बाजार को नुकसान पहुँचा। इसी तरह शुरुआत में सुनील मित्तल के जनरेटर की बिक्री की स्थिति भी बिलकुल इसी तरह मंद थी। उन्हें जनरेटर आयात करके बेचते देख बड़ी-बड़ी कंपनियाँ उसी में कूदने लगीं। उन्होंने क्या किया? सीधे सरकार के पास जाकर कहा, ''हमारा देश स्वाधीन है। बाहर से दूसरों के

जनरेटरों को आयात करके क्यों उपयोग करें। हम अपने जनरेटर खुद तैयार करके बेचेंगे।''

सरकार चेती। विदेश से आनेवाले जनरेटरों पर रोक सन् 1983 में लगाई गई। जनता के लिए स्वदेशी जनरेटरों की उत्पत्ति होने लगी। बिरला, श्रीराम दो कंपनियों को सरकार ने देश में जनरेटर उत्पादन की अनुमति दी।

लेकिन जनरेटर बाजार में कब आएँगे? फैक्टरी शुरू करनी है। तकनीक को ठीक करना है। वैसे तो एक या दो साल लग जाएँगे। तब जनता के लिए जनरेटर? जनता की ओर सरकार ने ध्यान नहीं दिया। इसका एकमात्र शिकार सुनील मित्तल बने। भारत भर में नेटवर्क बिछाकर जोरों से बिक्री करने वाले जनरेटर एवं उनके दफ्तर एक ही दिन में सड़कों पर आ गए।

जनरेटर का बिजनेस ठीक-ठाक चलने के कारण सुनील ने बाकी चीजों के आयात से ध्यान खींचकर अपना पूरा समय इसी व्यापार में केंद्रित कर दिया था। सरकार की घोषणा से उनका व्यापार एकदम बंद हो गया। सुनील मित्तल दुखी होकर बिखर से गए। लाखों में बिजनेस करने वाले सुनील एकदम शून्य के पास आ गए। आगे क्या करना है, नहीं पता?

सुनील की स्थिति पर सुजुकी कंपनी को दया आई। लेकिन वे कुछ नहीं कर सकते थे। लगभग इसी समय भारत में सुजुकी कंपनी की सहकारिता से कारों की उत्पत्ति के लिए मारुति-सुजुकी कंपनी की शुरुआत हुई। पहली बार कम खर्च में भारतीयों के लिए अधिक संख्या में कारों का उत्पादन होने लगा।

जनरेटरों का व्यापार तो और नहीं, कम-से-कम कारों को बेचकर सुनील मित्तल व्यापार कर लें, यही सोचकर सुजुकी कंपनी

ने उन्हें 'मारुति सुजुकी' कारों की डीलरशिप देने की सिफारिश की।

उस जमाने में 'मारुति सुजुकी' की डीलरशिप मिलना इतना आसान नहीं था। उसके लिए भारी घूस खिलानी पड़ती थी। सबसे ज्यादा सरकारी अधिकारियों को तृप्त करना पड़ता था। तब भी भाग्य से ही मिलती थी। उस प्रतियोगिता में मारुति गाड़ियों के लिए डीलरशिप मिलना कल्पना की बात थी। सुजुकी कंपनी की सिफारिश पर भी वह मित्तल को नहीं मिली।

सुनील उस संबंध में कहते हैं, "यह भी ठीक हुआ। अगर मुझे वह डीलरशिप मिली होती तो मैं करोड़पति बन जाता, रुपयों की वर्षा हुई होती, बस उसी के साथ मेरे जीवन का अंत भी हो जाता।"

सुनील भारती मित्तल को सिर्फ करोड़पति व्यापारी बनाना ईश्वर का आशय नहीं था। उन्होंने उनके लिए कुछ और विशिष्टताएँ सोच रखी थीं। इसी बात को उन्होंने कई बार अपने साक्षात्कारों में दोहराया। अपनी प्रतिभा पर अत्यंत विश्वास रखने वाले मित्तल की भगवान् में भी गहरी आस्था है।

भगवान् की कृपा से ही सबकुछ संभव है। जीवन के प्रत्येक पहलू को चलानेवाला ईश्वर है, यही उनका दृढ़ आत्मविश्वास है।

इसका मतलब यह नहीं कि वे हमेशा मंदिरों में पड़े रहेंगे। कभी-कभी तिरुपति बालाजी के दर्शन करते जाते हैं। वैष्णो देवी का मंदिर भी उनका इष्ट मंदिर है। उनकी भक्ति मानसिक-भक्ति है।

जनरेटर का बिजनेस हाथ से निकल गया तो सुनील मित्तल का मन विकल हो गया। वह तो सपनों को साकार करने के लिए

शुरू किया गया था और वे उसे क्रमशः बढ़ाने की कोशिश में थे। उसके लिए अलग से पूरे भारत में नेटवर्क बनाया गया था। तभी उस पर वह मार पड़ी कि सारे सपने धूल में मिल गए। उनके हृदय पर मानो वज्रपात हुआ। दोस्त उनका हौसले बढ़ाने की कोशिश में थे। चलो, यह नहीं तो दूसरी चीज आयात करेंगे। दुनिया का अंत उसी के साथ तो नहीं हो गया। लेकिन यह उनके लिए विचारणीय विषय था।

सुनील मित्तल का जीवन उस समय अँधेरे से घिरा हुआ था। वे भविष्य की कल्पना से भयभीत होकर जीवन बिता रहे थे। तब उसके मन में एक बड़ी सोच आई–जनरेटर की तरह भारत में एक नई चीज को प्रवेश कराना, जो सुपरहिट हो जाए। मगर कैसे और क्या?

सुनील मित्तल नए-नए तकनीकी साधनों को सूक्ष्म दृष्टि से देखने लगे। वे जीवन में विरक्त भी होने लगे। शोक ज्यादा होने लगा। बदलाव के लिए सुनील ने विलायत यात्रा की। जापान, थाईलैंड, कोरिया, ताइवान आदि कई देशों का भ्रमण किया। आराम तो मिला, साथ में कोई और नई चीज वहाँ से भारत लाने की सोच भी मन में थी।

सुबह उठते ही चाय पीकर बाहर निकलते और बाकी यात्रियों की तरह पहाड़, सागर, किले आदि देखने नहीं जाते थे, बल्कि छोटी-बड़ी दुकानें, शॉपिंग कॉम्पलेक्स आदि देखते हुए घूमते। जनता किन चीजों को पसंद करके खरीद रही है? उन चीजों का भारत में क्या स्थान है?

वह इलेक्ट्रॉनिक चीजों का जमाना था। हर देश में कई प्रकार की इलेक्ट्रॉनिक चीजों की बिक्री की होड़ मची हुई थी। लेकिन

क्या भारत में वे चीजें भारी मात्रा में बिकेंगी?

सुनील की सोच में सौ रुपएवाली चीज पाँच रुपए लाभ के साथ बेचें तो हजार लोग खरीदेंगे, जबकि दस रुपए की चीज को पचास पैसे के लाभ के साथ बेचेंगे तो लाखों लोग खरीदेंगे। ज्यादा पैसे देकर खरीदनेवाले उच्च वर्ग के लोगों की तुलना में वे मध्यवर्गीय लोगों से ज्यादा लाभ कमा सकते हैं। यही उनका अटल विश्वास रहा।

सुनील मित्तल की सोच के अनुसार वहाँ ऐसी कोई चीज नहीं थी, जिसे भारत के मध्यवर्गीय लोग पसंद करें। आडंबरहीन वस्तुओं के ऊपर उन्होंने दृष्टि दौड़ाई। सुजुकी के प्रधान कार्यालय में जाकर बात की। जनरेटर की तरह एक भी सुपरहिट चीज उनके पास नहीं थी।

जापान अतिथि सत्कार में विश्व भर में प्रसिद्ध है। सुनील को खाली हाथ भेजना सुजुकी कंपनी को भी काफी निराशाजनक लगा। सुनील ने निराश होकर वापस भारत लौटने का तय किया। रास्ते में एक व्यापार प्रदर्शनी लगी थी। बस, इतनी दूर आ गए, इसे भी एक बार देख लें–यही सोच लै वे अंदर घुसे।

इधर-उधर घूमकर लौटे। उनकी मनपसंद चीज नहीं मिली। इतनी दुकानें, प्रदर्शनियाँ देख चुका हूँ, यहाँ क्या मिलेगा? यही सोच सता रही थी। उत्साहहीन नजरें दौड़ाने लगे।

उसी प्रदर्शनी ने उनके जीवन को बिलकुल बदल दिया। एक नए मोड़ पर लाकर खड़ा कर दिया। जिसने संचार माध्यमों के बीच नई मेगा क्रांति को जन्म दिया, उसका नाम है–पुश बटन फोन।

उस समय भारत में टेलीफोन नेटवर्क उतना लोकप्रिय नहीं था।

कुछ अमीर लोग व उद्योगपतियों के घरों में ही फोन होते थे। बाकी लोगों के संचार माध्यम डाकघर ही थे। तब भारत में जितने टेलीफोन प्रचलित थे, वे सब 'रोटरी डायल' की कोटि के थे। घुमा-घुमाकर नंबर डायल करने वाले टेलीफोन। टेलीफोन के प्रत्येक नंबर के ऊपर एक वर्तुलाकार छेद होता था और नंबरों के वर्तुलाकार छेद पर उँगली रखकर घुमाना पड़ता था। पुरानी फिल्मों में उस प्रकार के टेलीफोन आज भी देखने को मिलते हैं।

ताइवान में सुनील मित्तल ने जिस फोन को देखा, उनमें रोटरी डायल सिस्टम नहीं था। उसके बदले में नंबर दबाने के लिए बटन थे। बटनों के ऊपर नंबर थे, जिससे नंबर डायल करना आसान हो गया था। इसके अलावा इस बटन फोन में री-डायलिंग की सुविधा भी थी।

मोटे भारी-भरकम रोटरी फोनों से ये छोटे फोन बेहतरीन हैं। उस प्रदर्शनी में आए लोग, उद्योगपति वहाँ इकट्ठे होकर उन्हें देख रहे थे। कुछ लोग उपयोग करके खुश हो रहे थे। इन्हें देखते ही सुनील मित्तल विचलित हो गए। इन्हें लेकर उनका दिमाग अंदर-ही-अंदर हिसाब लगाने लगा। उनके दामों के बारे में आकलन करके उन्होंने निर्णय किया कि जनता उन्हें बड़े चाव से खरीद सकती है। यही उनकी अगली सुपर हिट सोच होगी, इरादा कर लिया सुनील ने।

उसके बाद उन्होंने एक पल भी विलंब नहीं किया। दुकानदार से उन्हें भारत में आयात करने के लिए बातचीत की। प्रदर्शनी में भाग लेने वाली कंपनियाँ भी तुरंत निर्णय लेने वाली थीं।

उनकी तीव्र सोच मित्तल को पसंद आई। किंगटेल नामक उस ताइवानी कंपनी के अधिकारियों से बात करके पुश फोन

भारत में आयात करने की अनुमति भी ले ली और उस समझौते या हस्ताक्षर भी कर दिए।

सुनील मित्तल के उत्साह का ठिकाना नहीं था। वे उनसे भारत भर में अधिकतर प्रचलित घुमावदार फोनों पर विराम चिह्न लगा सकते हैं। इन फोनों को भारत में लाकर सबको आश्चर्य में डाल सकते हैं, लेकिन उनका यह सपना भी चकनाचूर होने को था।

❑

7

ऊपर और ऊपर

ताइवान में पहली बार पुश बटन फोनों को देखकर खुश हुए मित्तल असली बात तो भूल ही गए थे। ये देखने में छोटे व सुंदर हैं। जनता के बीच में बड़ी माँग होगी, लेकिन भारत में निर्यात करने की अनुमति है क्या? या जनरेटर की तरह कोई इसे रोकेगा तब क्या होगा?

भारतीय आयात-निर्यात संबंधी सारे नियमों को कंठस्थ रखने वाले मित्तल इसे भूल गए, यह जरूर आश्चर्य की बात थी। ताइवान से व्यापारिक लेन-देन समझौते पर हस्ताक्षर करके लौटे मित्तल को तभी अपनी गलती का अहसास हुआ। वे इसके बारे में पूछताछ करने लगे। लेकिन भारत में पुश फोन की जानकारी किसी को नहीं थी। इसीलिए आयात-निर्यात की सूची में उसका नाम तक दर्ज नहीं था। इसका मतलब किंगटेल से मित्तल ने जो व्यापारिक गठजोड़ किया, यहाँ उसकी अनुमति नहीं। वे ही नहीं, किसी को भी पुश बटन फोन को भारत में लाने की अनुमति नहीं थी।

सुनील हताश हो गए। मानो हाथ के सुंदर खिलौने को किसी

ने जबरदस्ती उनसे छीन लिया। क्या कर सकते थे। सरकारी अधिकारियों से बात करके उन्हें उन फोनों के बारे में समझाकर अनुमति ली जा सकती है? अनुमति देंगे या नहीं?

खैर, कोशिश तो करके देखेंगे। लेकिन उसमें एक और खतरा था। वे सोचने लगे कि पुश बटन फोन की खूबियों को जानकर बाकी कंपनियाँ भी उसके पीछे भागेंगी और उनकी हालत पहले जैसी हो जाएगी। इसलिए वे इस बात को गोपनीय रखना चाहते थे, लेकिन वे कानून का उल्लंघन करने के खिलाफ थे।

फिर भारत सरकार के आयात-निर्यात संबंधी नियमों को पलटने लगे।

पुश बटन फोन को जैसे-के-तैसे आयात-निर्यात करने का नियम नहीं था। वह तो इलेक्ट्रॉनिक साधन है। इसलिए उसके अंदरूनी छोटे भागों को आयात कर सकते हैं। यहाँ आने के बाद छोटे भागों को मिलाकर बेच सकते हैं। उसके लिए सरकार ने नियम बना भी रखा है। अनुमति भी दे दी थी। मिसाल के तौर पर, एक पूरी साइकिल को विदेश से मँगवाने की अनुमति नहीं थी, जबकि साइकिल के भिन्न भागों को अलग से मँगवाने की अनुमति थी।

बस इतना मित्तल के लिए काफी था। तुरंत ताइवान की 'किंगटेल' कंपनी से बात की। उन्होंने उस कंपनी से अनुनय-विनय करके शर्त रखी कि फोन को जैसे-के-तैसे नहीं भेजना। फोन के प्रथम भाग को कलकत्ता, दूसरे भाग को मुंबई, बाकी जो भी है, उसे दिल्ली भेजिए।

कंपनी को कुछ भी समझ में नहीं आया। खैर, उनके कहे अनुसार उन्होंने फोन भेज दिए। ऐसे अलग-अलग भागों में आए फोन को मित्तल टीम ने एक साथ जोड़कर लुधियाना भेज दिया, जहाँ सुनील मित्तल की पुश बटन फैक्टरी निर्मित हो चुकी थी। उसी जगह पर सुनील ने साइकिल के विभिन्न हिस्सों की तैयारी की थी।

किंगटेल फोन के समस्त भागों को जोड़कर पुश बटन फोन तैयार हो गया। उन्हें बिक्री के लिए देश भर में भेज दिया गया। उस जमाने में उनका काम कानूनी उल्लंघन हो सकता था। लेकिन और कोई उपाय नहीं था। उन्हें कानून के अनुसार अपनी इच्छाओं की पूर्ति करनी थी।

भारत का प्रथम पुश बटन फोन लुधियाना में ही तैयार हुआ। उसे मित्तल ने मिट्ब्रो ब्रांड नाम दिया। सुनने में वह विलायती नाम जैसा था। सुनील का लक्ष्य भी वही था। 'मित्तल ब्रदर्स' को उन्होंने 'मिट्ब्रो' करा दिया था। जनता को विदेशी पहचान से ही अपनी ओर खींच सकते हैं।

लोग कौतूहल से फोन खरीदने लगे। यह एक खास प्रकार की संचार क्रांति थी। अब तक पुराने रोटरी फोनों से तंग आई जनता नए पुश फोन को देखकर विस्मित हो गई, फलतः मिट्ब्रो फोन सुपरहिट हो गया।

उसे देख बाकी कंपनियाँ उसका अनुकरण करने लगीं। सरकार

भी विस्मित हुई। सरकार ने पूछा, "इन्हें बाहर के उत्पादकों से क्यों मँगवाएँ? यहीं तैयार कर सकते हैं।"

बस, जनरेटरों वाली हालत पैदा हो गई। सरकार ने भारत में ही इन फोनों के निर्माण का आदेश जारी कर दिया। पहले ही पुश फोनों की देश भर में माँग होने के कारण कई कंपनियों ने सरकार को आवेदन किया, जिनमें 52 कंपनियों को लाइसेंस मिले, उनमें भारती भी एक थी।

मित्तल ने पुश फोनों का भारत में प्रचार करके टेलीफोन क्रांति मचाई। अब उन्हें 51 कंपनियों से संघर्ष करना था। ज्यादातर कंपनियों को उन फोन से संबंधित पर्याप्त जानकारी न होने के कारण भारती की बराबरी करने वाला कोई नहीं था। सभी से अव्वल भारती को

सुनील मित्तल ने आगे बढ़ाया और फोनों की बिक्री में प्रथम स्थान हासिल किया। इसके लिए उन्होंने सीमंस नामक विश्वविख्यात जर्मन कंपनी को अपने साथ जोड़ लिया।

सन् 1985 में सीमंस की तकनीकी सहकारिता के नियमानुसार अनुमोदन प्राप्त करके वे पुश बटन फोन बनाने लगे। इसके लिए मिट्ब्रो नाम को 'बीटेल' से बदल दिया गया। सुनने में विदेशी नाम जैसे लगने वाले बीटेल का नाम भारती टेलीकॉम है।

शुरू से ही बीटेल अपनी स्तरीय गुणवत्ता के कारण सबसे आगे थी। यहाँ तक कि टाटा जैसी बड़ी कंपनी भी बीटेल की स्तरीयता तक नहीं पहुँच पाई।

इसका एकमात्र कारण था–'सीमंस' कंपनी की तकनीकी सहकारिता। सीमंस ने ही अपनी नई अत्याधुनिक तकनीक सतत बीटेल को प्रदान की।

पहले से ही सुजुकी कंपनी से सद्संबंध व मित्रता प्राप्त कर चुके सुनील को सीमंस की जोड़ीदारी से भी अच्छे परिणाम प्राप्त हुए। विश्व भर में फैली कंपनियों के साथ काम करने से दृष्टिकोण का भी वैश्वीकरण हो जाता है। यही अनुभव सुनील मित्तल को प्राप्त हुआ।

एक के बाद एक बड़ी-बड़ी कंपनियों से जुड़कर सुनील ने अनेक नवीनतम चीजों का भारत से परिचय कराया। विश्व भर में दूरसंचार माध्यम के अंतर्गत आनेवाली नवीनतम चीजों को भारत में लाने का सफल प्रयास किया।

सन् 1989 में टकाकम नाम जापानी कंपनी से जुड़कर वे टेलीफोन आंसरिंग मशीन भारत में लाए। इसके द्वारा हम घर से बाहर रहने पर या फोन द्वारा प्राप्त जानकारी का जवाब दे सकते हैं।

इसके बाद सन् 1990 में दक्षिण कोरिया की सहभागिता से 'लकी गोल्ड स्टार' नामक कॉर्डलेस टेलीफोन भारत लाए। भारत में फैक्स मशीन की सुविधा भी 'बीटेल' की ही देन है। इस प्रकार वे उन्नति की सीढ़ियों पर चढ़ते चले गए। आज भी भारत में टेलीफोन जगत् में भारती परिवार की बीटेल का ही प्रथम स्थान है।

इस विजय का एकमात्र कारण नए तकनीकी आविष्कारों के प्रति सुनील का लगाव ही था। हालाँकि उन्होंने तकनीक संबंधी पढ़ाई नहीं की, लेकिन अपने अनुभव से ग्राहक की चाहतों को, माँगों को–उनकी दृष्टि से देखकर पूरा किया।

बाकी लोग धनबल से, ब्रांड नाम से आगे बढ़े तो सुनील तकनीकी सुविधाओं से। इसलिए बीटेल भारत के मध्यवर्गीय परिवार का एक अनिवार्य अंग हो गया। सरकार की अनुमति से फोन निर्माण करने वाले मित्तल ने प्रथम वर्ष में ही दो लाख टेलीफोन का उत्पादन किया और उतनी जल्दी ही उन्हें बेच दिया। उनका व्यापार पुनः दिन दुगुना रात चौगुना बढ़ने लगा। नए-नए तकनीकी साधनों, नई तैयारियों और स्तरीयता के कारण 'बीटेल' का नाम भारत में लोकप्रिय हो गया। उनका सपना पूर्ण हो रहा था।

"सूचना प्रौद्योगिकी के क्षेत्र में उनके बीटेल ने सचमुच भारत में एक संचार क्रांति ला दी।" मित्तल गर्व से कहते हैं।

बीटेल की बाजार में तेज बिक्री होती थी। लेकिन इस होड़ में सुनील मित्तल को किसी ने नहीं पहचाना। उनसे साक्षात्कार लेकर संचार तकनीकी क्षेत्र में उनका अगला कदम क्या होगा? इस सबकी चिंता किसी को नहीं थी।

पूछने पर मित्तल हँसकर जवाब देते, "बस, यह भी तो ठीक है। अगर कोई हमारी ख्याति को पहले से पहचान लेता तो उसे

सँभालना मुश्किल होता। जब तक दूसरों की नजरें हम पर नहीं पड़ती, तब तक हम बिना अपेक्षा के, आराम से, निडरता से व्यापारिक उन्नति कर सकते हैं।''

'मेरा काम टेलीफोनों का निर्माण और चैन से बैठना है,' यह प्रवृत्ति उनके मन में नहीं थी। जब-जब समय मिलता, वे उस क्षेत्र से संबंधित पुस्तकों, पत्रिकाओं को मँगवाकर पढ़ते। क्षेत्र से संबंधित विशेषज्ञों से बात करके अपनी प्रतिभा को बढ़ाते। इसका उदाहरण है, सैम पित्रोदा से उनकी मैत्री।

सैम पित्रोदा भारतीय दूरसंचार विशेषज्ञों में सशक्त व्यक्ति रहे। इस क्षेत्र में भारत की उन्नति से संबंधित अनेक कार्य, प्रणालियों, शोधाध्ययन में वे सदा रत रहते थे। इसीलिए स्वभावतः मित्तल के वे लक्ष्यवादी के रूप में आदर्श बनकर सामने आए थे। उनसे होने वाली बातचीत, चर्चाओं से सुनील खूब लाभान्वित हुए।

तत्कालीन बीटेल के विकास का मुख्य कारण भारतीय संचार

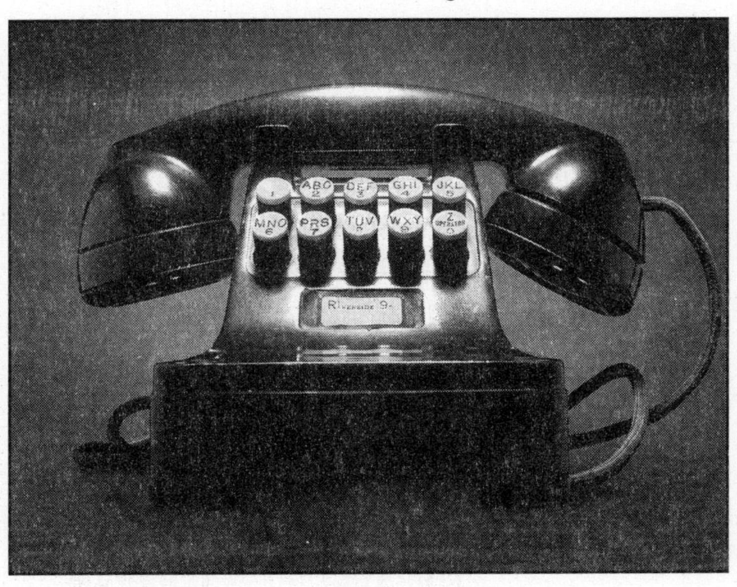

क्षेत्र भी था। उसने उनसे कई फोन खरीदे और उनका देश भर में इस्तेमाल किया। उस वक्त के भारत में निजी टेलीफोन सेवाएँ नहीं थीं। टेलीफोन का मतलब सरकारी फोन ही था। इसलिए सरकार से बीटेल को हजारों, लाखों के ऑडर्स मिलते थे। करीब पंद्रह साल पहले सरकार द्वारा दूरभाष उपकरण कंपनी के रूप में बीटेल ही अधिकृत थी।

सरकार से जुड़कर भारती परिवार ने कम समय में खूब कमा लिया। पिछले कुछ साल तक जिसका नाम तक नहीं मालूम था, वह कंपनी आज देश भर में कैसे व्याप्त हो गई?

देश में कांग्रेस का राज, पिता सतपाल मित्तल कांग्रेसी सांसद। पिता ने जरूर बेटे की मदद की होगी। यह कहने वाले आज भी मौजूद हैं। यह दोषारोपण कहाँ तक सच है, पता नहीं। लेकिन सतपाल मित्तल की सरकार में अच्छी पैठ थी। यह तो नग्न सत्य है। वे अपने पद व संबंधों से रिश्तेदारों को रेल व इवाई जहाज की टिकटें दिलाने, टेलीफोन व गैस कनेक्शन दिलाने आदि में मदद करते रहे थे।

इसी प्रकार जब सुनील मित्तल पहली बार दिल्ली आए, तब पिता के सरकारी आवास में ही रहे थे। जहाँ बड़े-बड़े लोगों से मिलना आम बात थी। इससे ज्यादा मदद वे अपने पिता से नहीं लेते थे। सुनील को खुद अपने पैरों पर खड़े होने की ललक शुरू से ही थी और पिता ने भी वही सिखाया था।

सच में देखा जाए तो सुनील की शिखरोन्नति उनके पिता के देहांत के बाद हुई, तब कांग्रेस का नहीं, भाजपा का शासन था। तभी भारती परिवार ने वैश्विक उन्नति की।

"आपके पिता की सिफारिश से आपको कहाँ तक सफलता मिली?" कुछ लोगों ने उनसे सीधे सवाल किया। तब उन्होंने जवाब

दिया, ''मैं कांग्रेसी पक्षधर का बेटा हूँ, यह स्वाभाविक है। इससे बढ़कर मेरा राजनीति से कोई संबंध नहीं रहा। उस संबंध का फायदा उठाते हुए मैंने किसी भी सिफारिश का लाभ नहीं उठाया। सच कहूँ तो पिता के कांग्रेस में होने के कारण कई लोगों ने मेरी सहायता करने में भी संकोच किया। मेरे पास आए तो वे भी कांग्रेसी हो जाएँगे, यही सोचकर वे मुझसे दूर रहे। वह मेरी मजबूरी थी।''

''तो आपने पिता से अपने बिजनेस के बारे में बात तक नहीं की?''

''बात जरूर की। पर मदद या सिफारिश के लिए नहीं। मेरे सपने, मेरी प्रणालियाँ मैं उनसे बाँटता था। मेरी प्रगति में उनकी शान है। एक बार मेरे दफ्तर भी आए थे। मैं खुद आगे बढ़ूँ, यही उनकी दिली इच्छा थी, खुशी थी। अगर मैं कहता तो वे मेरे दोस्तों की मदद जरूर करते, लेकिन मेरी नहीं। यह उनका सद्गुण था।''

सरकारी के अलावा निजी कंपनियों के बीच भी भारती को जनता से खूब आदर मिला। अगर सतपाल मित्तल अपने बेटे के लिए सिफारिश करते तो भी वह सरकारी दूरसंचार क्षेत्र तक ही सीमित होती, जबकि निजी संस्थाओं के बीच सिफारिशें काम नहीं करतीं। स्तर ही विकास का सोपान होता है।

बीटेल के हिट होने के पीछे स्तरीय श्रेष्ठ नेटवर्क, सुलभ बिक्री केंद्र, विज्ञापन, आदि पर मित्तल की स्वयं पैनी नजर जैसे विलक्षण गुण थे। प्रत्येक काम उनकी देखभाल में होता था। लुधियाना के बाद दिल्ली के निकट गुड़गाँव में सुनील मित्तल का दूरसंचार उद्योग शुरू हुआ।

सुनील मित्तल की यह वैयक्तिक प्रगति अद्वितीय है। अपने सपनों को साकार कर उन्होंने देश भर में एक परिचयात्मक ब्रांड

शुरू किया। खूब कमाई की। बड़े-बड़े भवन, कीमती गाड़ियाँ। उन्होंने यही चाहा था।

लेकिन इन सबने भी सुनील को पर्याप्त सुख नहीं दिया। व्यावसायिक विजय बस इतनी ही है। क्या इसके ऊपर भी कुछ है या नहीं? उनके मन की उतावली और सोचने लगी कि आगे क्या होगा? और कुछ ज्यादा करना है? उसके लिए आवश्यक सुनहरा मौका स्वयं उन्हें ढूँढ़ते हुए उनके पास आया। साथ ही मुफ्त में कई विचार, व्यथाएँ, संघर्ष भी साथ लाया।

❑

8

अग्निपरीक्षा

भविष्य ही संचार साधनों पर आधारित होने के बाद पुश बटन फोनों के पीछे कब तक लगे रह सकते हैं? उस क्षेत्र में तलाशने पर विशेषज्ञों से बड़ी महत्त्वपूर्ण जानकारी मिली। भारती परिवार से इस क्षेत्र को कहाँ तक अधिकतम जोड़ सकते हैं? यही सोच उनके मन में थी।

उस समय दूरसंचार एक जाल की तरह देश भर में व्याप्त था। छोटे-छोटे शहरों तक टेलीफोन आ चुके थे। लोगों को फोन का महत्त्व समझ में आने लगा था। अगर देश भर में टेलीफोन का जाल बिछाना हो तो लाखों मीटर केबल का इस्तेमाल करना पड़ेगा। वैसे तो इस क्षेत्र में उनकी कंपनी अव्वल दर्जे पर काबिज थी। अगर उसे देश भर में फैलाना हो तो कई टेलीफोन एक्सचेंजों की स्थापना और केबल की जरूरत पड़ेगी। कर सकते हैं। लेकिन इसके लिए अधिक पूँजी की आवश्यकता होगी। नए यंत्रों और तकनीकी सुविधाओं के लिए भारी रकम खर्च करनी पड़ेगी। हालाँकि तब मित्तल के पास पैसों की कमी नहीं थी। लेकिन यहाँ पूँजी क्यों

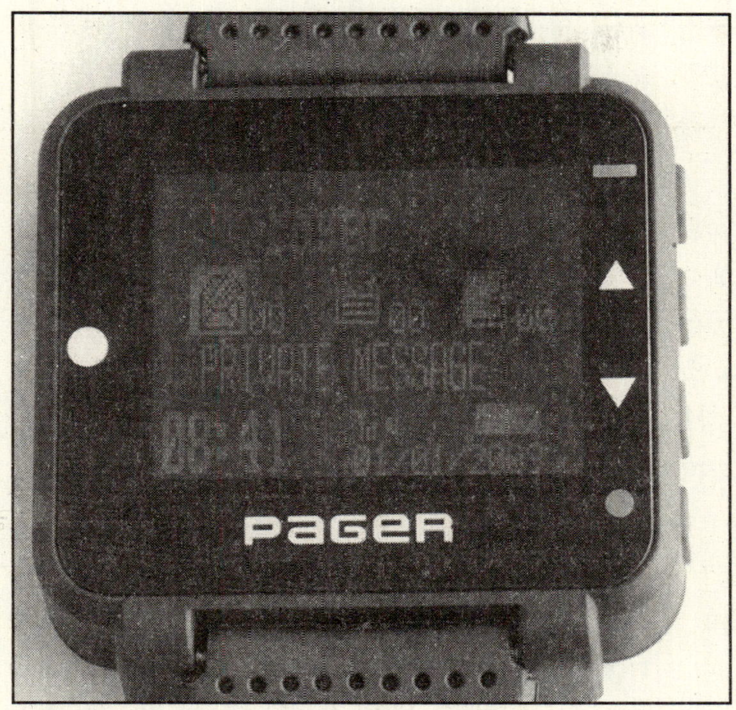

फँसाएँ? क्या फायदा होगा? यही वे सोच रहे थे।

तभी पेजर नामक एक नया संचार-साधन आ गया। इस पर सूचनाएँ भेजी जा सकती थीं। कुछ दिनों बाद कार फोन, रेडियो फोनों का प्रवेश हुआ। पेजर से मात्र लिखित संदेश भेज सकते हैं, जबकि मोबाइल फोनों से वार्त्तालाप भी कर सकते हैं।

आज मोबाइल फोन लगभग सबके पास है, जबकि उस जमाने में कुछ ही लोग पेजर और मोबाइल का इस्तेमाल करते थे। भारत में तो लगभग न के बराबर। भारतीयों के संचार साधन केवल लैंडलाइन फोन व पत्र ही थे। मोबाइल फोन की तो कोई कल्पना भी नहीं कर सकता था।

सुनील की सोच थी कि यह स्थिति अधिक समय तक नहीं

रहेगी, जल्दी ही अमेरिकी व यूरोपीय देशों में मोबाइल प्रौद्योगिकी उन्नत हो जाएगी। लेकिन सारी दुनिया में मोबाइल आने के बाद उससे वंचित हमारे देश की स्थिति क्या होगी?

वैसे तो मोबाइल फोन भारत में आनेवाले हैं। उस परिवर्तन को भारती परिवार लाए, इस दृढ़ संकल्प से वे उसकी तैयारियाँ कर रहे थे। सन् 1990 में उनके तकनीकी कर्मचारी उस पर आवश्यक शोध करने लगे। सन् 1995 में भारत में इनका प्रवेश हुआ। 1992 में भारत सरकार ने मोबाइल फोनों को चालू करने की अनुमति दी। इसके दो साल पहले ही सुनील मित्तल मोबाइल क्रांति की तैयारियाँ करने लगे थे।

भारत में मोबाइल फोन कैसे, किसके द्वारा, किस प्रकार की तकनीक से आएँगे, किसी को पता नहीं था। इस मौके को किसी भी हालत में मित्तल छोड़ना नहीं चाहते थे। इसके लिए उन्होंने आवश्यक प्रबंध कर लिये थे।

सन् 1991 में केंद्र में नरसिम्हाराव के नेतृत्व में कांग्रेस की सरकार थी। तत्कालीन वित्त मंत्री मनमोहन सिंह ने तकनीकी क्रांति व आर्थिक प्रगति के प्रति उदारता बरती और निजी कंपनियों से मोबाइल फोन सेवा को चालू करने के लिए आवेदन माँगे। सुनील मित्तल इसी मौके की ताक में थे। अपने मित्रों की घबराहट, हतोत्साह की परवाह न करते हुए अपने लक्ष्य की ओर बढ़ने लगे। लेकिन उनका मोबाइल से क्या संबंध?

उदाहरण के लिए अगर घर में कोई डोसा या पनीर बढ़िया बनाता हो तो वह मिठाई की दुकान कैसे चला सकता है? उनकी हालत भी कुछ वैसी ही थी। मोबाइल फोन के लिए आवश्यक तकनीकी सामग्री, स्तरीयता से पूर्ण फोन के विभिन्न भाग, फैक्टरी,

यंत्र, बेचने का नेटवर्क, ये सब चाहिए।

यह सब उतना आसान नहीं था। शहर भर में टॉवर्स लगाकर उन्हें देश के नेटवर्क जाल से जोड़कर राष्ट्रीय-अंतरराष्ट्रीय स्थानों से जोड़ना। उसके लिए भी भारी खर्च होगा। उससे ज्यादा उस क्षेत्र में अनुभव चाहिए। सुनील के पास थोड़ा-बहुत पैसा होने पर भी उस संचार क्षेत्र में उनका अनुभव नहीं था। भारत में किसी को भी वह अनुभव नहीं था।

''सुनील! अपरिचित क्षेत्र में टाँग अड़ाकर फँसना नहीं!'' दोस्तों ने चेतावनी दी। उनकी बातों से मित्तल के मन में थोड़े अविश्वास की लहरें उठने लगीं। मोबाइल सेवा से जनता संतुष्ट

होगी? लाभ मिलेगा या नुकसान?

मोबाइल फोन सेवा स्थापना की भारत में क्या स्थिति थी? यह जानने के लिए सुनील एक सर्वे कंपनी के पास गए। सर्वे का जवाब आया–'उसकी कीमत ज्यादा है। भारत में यह संभव नहीं।' सुनील मित्तल इसे सह नहीं पाए।

"ठीक है, दिल्ली में कितने लोग इसका उपयोग कर सकते हैं?" सुनील ने पूछा। सर्वे कंपनी ने जवाब दिया, "लगभग पाँच हजार लोग।" उन्हें बधाई देकर भेज दिया और सर्वे के नतीजे वाले कागज को फाड़ दिया। दिल्ली में मात्र पाँच हजार लोग ही लेंगे? सर्वे की सूचना पर उन्हें विश्वास नहीं हुआ।

मोबाइल फोन अमीरी की सूचना है। उसमें मिलनेवाली कई सुविधाओं को सर्वे कंपनी ने नहीं देखा। उसका नतीजा ठीक नहीं था। दिल्ली देश की राजधानी है। उन्हें अटल विश्वास था कि भविष्य में मोबाइल फोन को, उनकी उपयोगिता को देखकर लोग जरूर खरीदेंगे।

पाँच हजार लोग ही मोबाइल फोन खरीदेंगे; यह सर्वे की सूचना थी, जबकि मित्तल का विश्वास था कि एक ही दिन में पाँच हजार मोबाइल फोनों की बिक्री होगी। सुनील कैसे भी हो, मोबाइल सेवा के क्षेत्र में जाने का दृढ़ संकल्प किए बैठे थे। उनकी तेज गति को रोकते हुए सरकार ने अपने विज्ञापन में शर्त रखी थी कि इस मोबाइल क्षेत्र में अनुभवी लोगों को ही मौका दिया जाएगा।

जिस देश में मोबाइल सेवा चालू ही नहीं, उस क्षेत्र में अनुभव कैसे मिलेगा। अनुभवहीन लोगों के आवेदन-पत्र अस्वीकार किए जाएँगे, सरकार की सूचना सुनकर भारती ही नहीं सारी कंपनियाँ, जो उस क्षेत्र में प्रवेश करना चाहती थीं, निराश हो गईं।

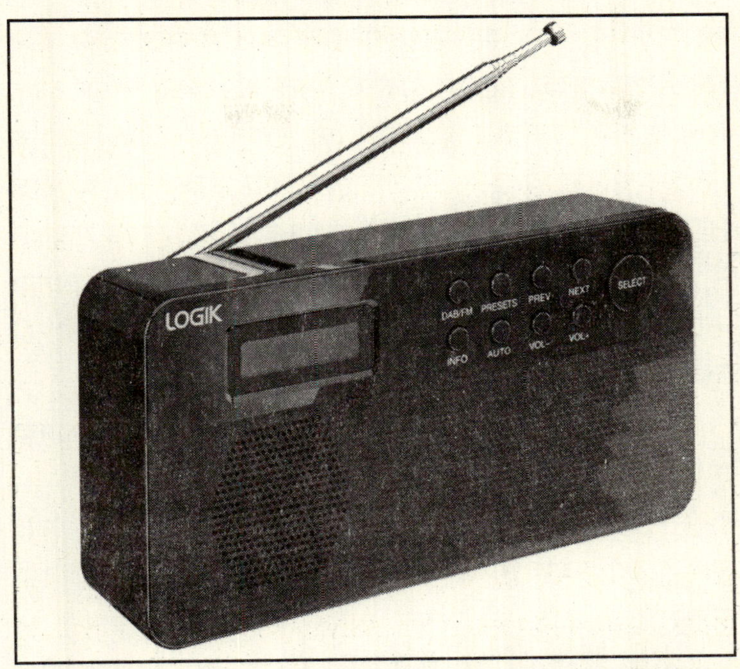

लेकिन सुनील मित्तल टस-से-मस न हुए। वे विदेश जाने की तैयारी करने लगे। पहले ही सुजुकी, सीमंस और कई दूरसंचार तकनीकी कंपनियों से जुड़े रहे थे। मोबाइल कंपनी की शुरुआत के लिए उन्हें एक अच्छे पार्टनर की तलाश थी।

मित्तल नई चुनौती का सामन करना की तैयारी में लगे थे। तभी एक शोकप्रद घटना घटी, जिससे सारा परिवार दुःख के सागर में डूब गया। साठ से ऊपरी आयु के सतपाल मित्तल का निधन हो गया। बचपन से ही सुनील का पिता से आत्मीय लगाव था। उन्हें वे एक मित्र की तरह, मार्गदर्शक की तरह मानते थे। पिता की इच्छानुसार उनके मन में एक बड़ी कंपनी को चालू करने की इच्छा थी।

वह सपना, उनकी इच्छा पूर्ण होने के समय सतपाल मित्तल

का निधन हो गया। इस शोक से बाहर आने में मित्तल को बहुत समय लगा। उनके अनुसार, पिता के सपने को साकार करना उनके लिए सुयोग्य श्रद्धांजलि थी। शोक से उबरकर वे फिर तेजी से मोबाइल सेवाओं के लिए पार्टनर ढूँढ़ने लगे। इसके लिए वे पहले लंदन गए। वहाँ दूरसंचार तकनीकी विशेषज्ञों से बात करके मोबाइल से संबंधित जानकारी प्राप्त की। वे भागीदार के बारे में पूछताछ करने लगे। जवाब के रूप में एरिक्सन नामक स्वीडिश कंपनी की वहाँ के लोगों ने सिफारिश की।

मित्तल तुरंत स्वीडन पहुँचे। एरिक्सन कंपनी के अधिकारियों से बात होने लगी। भारती कंपनी के सपनों का विस्तृत विवरण देकर मदद की प्रार्थना की। लेकिन उनके वार्त्तालाप का कोई फायदा नहीं हुआ। किससे मिलें, इसी बारे में सोच रहे थे। तभी उनकी नजर फ्रांस की कंपनी विवेंडी पर पड़ी। वे कंपनी के महाप्रबंधक से मिले। विवेंडी यूरोप की एक श्रेष्ठ दूरसंचार सेवा कंपनी थी। उसकी दृष्टि में भारती बहुत छोटी कंपनी थी। भारती के साथ जुड़ने का अनुमोदन ही बड़ी बात थी।

उन्हें आधा घंटा मिला। आधे घंटे के अंदर भारती कंपनी के बारे में, उसकी प्रशस्ति के बारे में बताकर विवेंडी को अपनी कंपनी के साथ जोड़ना होगा। बड़े शर्म की बात थी, लेकिन और कोई उपाय नहीं था। महाप्रबंधक के कक्ष में घुसते समय उन्हें ऐसा लगा मानो वह उनकी अग्नि-परीक्षा है।

कैसे भी हो, जीतना ही है। अगर विवेंडी भी मदद नहीं करती तो भारती कंपनी के सारे ख्वाब मिट्टी में मिल जाएँगे।

❑

9

जीत के लिए जंग

मेज के दूसरे छोर पर बैठे व्यक्ति सुनील को ऊपर से नीचे तक संदेह की दृष्टि से देख रहे थे।

'यह कौन है? भारत का एक सामान्य व्यक्ति जैसा दिख रहा है। स्वयं को करोड़ों कमानेवाली कंपनी का मालिक बता रहा है, भरोसा नहीं होता।'

'उससे ज्यादा आश्चर्य, मोबाइल सेवा में कूदने की सोच रहा है। मोबाइल क्षेत्र में भारी-भरकम व्यापारी ही परेशान हैं तो यह युवक क्या कर सकता है?'

विवेंडी के महाप्रबंधक को भरोसा नहीं था। लेकिन दूर से आए उस युवक को वे हतोत्साहित करके नहीं भेजना चाहते थे। इसीलिए चुपचाप उनकी बातें सुन रहे थे।

मित्तल के लिए वह पर्याप्त समय था। अपने बारे में, अपनी मोबाइल सेवा की तैयारी के बारे में थोड़ा बताकर वे भारत में मोबाइल सेवा नहीं थी, लेकिन करोड़ों की आबादी वाले उस देश में मोबाइल सेवा शुरू करेंगे तो ज्यादा लाभ कमा सकते हैं, यही

बताना एवं समझाना सुनील का उद्देश्य था।

विवेंडी महाप्रबंधक की जिज्ञासा बढ़ने लगी। सुनील भारतीय मोबाइल बाजार में भविष्य की प्रणालियों, मौकों आदि के बारे में बता रहे थे। वे गौर से सुनने लगे। आधे घंटे से ज्यादा समय हो गया, लेकिन सुनील सतत बोलते रहे।

विवेंडी प्रबंधक ने कई प्रश्न पूछे।

सुनील के जवाब से वे संतुष्ट हो गए।

एक घंटा, दो घंटे… बातें करते-करते तीन घंटे हो गए।

अंततोगत्वा विवेंडी महाप्रबंधक को सुनील पर भरोसा हो गया। भारत जैसे विशाल बाजार में व्यापार करना है तो उसके लिए 'भारती' ही सही भागीदार होगी, यह सोचकर सकारात्मक निर्णय भी ले लिया।

"धन्यवाद श्रीमान् मित्तल, हम दोनों मिलकर काम करेंगे।" हाथ मिलाते हुए जब उन्होंने कहा तो सुनील के उत्साह का ठिकाना न रहा।

बस यह भरोसा काफी था।

भारती-विवेंडी कंपनियाँ मिलकर भारत के प्रमुख महानगरों में मोबाइल सेवा आरंभ करेंगी, इस बात पर फैसला हो गया। तकनीकी क्षेत्र विवेंडी कंपनी देखेगी। पूँजी की देखभाल करना भारती के जिम्मे था। मिलने वाले लाभ में दोनों की बराबर की हिस्सेदारी होगी।

शुक्रवार का दिन था, शुभ दिन। सुनील मित्तल संतोष भरे मन से स्वदेश लौटे। अपने भाइयों और दोस्तों को यह खबर सुनाकर प्रफुल्लित किया। दो दिन बाद कोई और कंपनी पेरिस गई। वहा भी विवेंडी से अपनी कंपनी के साथ जुड़ने की बातें करने लगी। विवेंडी ने भारती से संबद्ध होने की बात बताई। भारतीय कंपनी ने कहा कि इसका तो वहाँ उसने नाम तक नहीं सुना। यह सुनकर विवेंडी में हलचल मच गई।

बिना सोचे भारती से जुड़ गए। उसने अपनी टीम जाँच के लिए भारत भेजी। उस टीम ने भारती कंपनी की जन्मकुंडली बनाई तो पता लगा कि भारत में कई बड़ी कंपनियाँ हैं। भारती तो दूसरी, तीसरी जगह रहनेवाली एक आम कंपनी है और विवेंडी से भागीदारी

के लायक नहीं है। विवेंडी ने तुरंत अपना इरादा बदल दिया। भारती से संपर्क करके कहा कि आपसी बिजनेस समझौते को हम रद्द करना चाहते हैं।

सुनील मित्तल का सिर घूमने लगा। परिस्थितियाँ एकदम इतनी विपरीत कैसे हो गईं? विवेंडी की मदद के बिना वे भारत में मोबाइल सेवा आरंभ नहीं कर सकते। यहाँ तक कि उसके लिए आवेदन भी नहीं कर सकते।

सुनील ने तुरंत विवेंडी से संपर्क किया और करार रद्द करने का कारण पूछा। विवेंडी ने निर्भीकता से कहा, "आपकी कंपनी बहुत छोटी है। हम दूसरी बड़ी कंपनी से जुड़ना चाहते हैं। जैसे कि 'मोदी ग्रुप' नामक बड़ी कंपनी से।" अगर विवेंडी ने मोदी से करार कर लिया तो सुनील के सारे सपने टूट जाएँगे।

सुनील ने वाक्पुटता का सहारा लिया। बोले, "हमारी कंपनी छोटी है, लेकिन कार्यकुशलता में किसी बड़ी कंपनी से कम नहीं। हमारी कंपनी की कुछ खास बातें आपको जरूर पसंद आई होंगी। उस आत्मतृप्ति ने हमें जोड़ा। फिर आत्मानुभव पर विश्वास कीजिए, न कि अपनी टीम की बातों पर।"

अंत में सुनील ने कहा, "आवेदन करते समय आपको एक पैसे का भी खर्च नहीं करना होगा, सब हम देख लेंगे। आप बस

हमारी कंपनी से जुड़े रहें।''

इस बार भी जीत मित्तल की हुई। विवेंडी ने भारती के साथ जुड़े रहने की पूर्ण सम्मति प्रकट की। सुनील सोच रहे थे कि एक भयंकर विषम स्थिति पार हो गई, लेकिन तभी सामने एक और चुनौती आकर खड़ी हो गई। लगभग तीस प्रमुख भारतीय कंपनियाँ मोबाइल सेवा प्रदान करने के लिए आवेदन कर रही थीं।

सवाल यही था कि सभी तीस कंपनियाँ भारती से बहुत बड़ी थीं। धर्मसंकटपूर्ण स्थिति थी। जंग में जीतना इतना आसान नहीं। लाइसेंस शुल्क भरना होगा। जितना कम खर्च करेंगे, उतनी ही आमदनी ज्यादा होगी।

इसी दृष्टिकोण से भारती ने अपना आवेदन तैयार किया। इसलिए बाकी सभी कंपनियों से उसकी रकम यथार्थ व सहज लगी।

यही नहीं मित्तल ने प्रत्येक नगर में मोबाइल सेवा जारी रखने के लिए अपेक्षित प्राथमिक सुविधाओं, नेटवर्क व्यवस्थापन और अन्य विवरण भी दिया था। इसलिए आवेदन की अंतिम तारीख को कंपनी के कागज, दस्तावेज, जानकारी आदि जमा कराने के लिए एक छोटे टेंपो की आवश्यकता पड़ी।

सुनील के छोटे भाई राजन मित्तल इन सारे कागजात को बड़ी कठिनाई से लेकर सरकारी ऑफिस आए थे। वहीं उनका सामना टाटा परिवार के एक अधिकारी से हुआ।

''हाथ में कौन सी फाइल है सर?'' राजन मित्तल ने पूछा।

''मोबाइल सेवा के आवेदन की फाइल।'' उन्होंने जवाब दिया।

''बस! एक ही फाइल है?''

"हाँ, उसमें ज्यादा कहनेवाली बात क्या है?"

यही स्थिति भारती को अन्य कंपनियों से अलग करती है। बाकी कंपनियाँ जहाँ पैसों की ओर ध्यान देती हैं तो सुनील सारे दृष्टिकोणों को देखकर तदनुसार प्रणालियाँ रचते हैं। इन सारी बातों को सोचे बिना कई लोगों ने मित्तल का मजाक उड़ाया। कई ने बड़े खर्चे के नाम पर उन्हें डराया।

सच में पूरे भारत में मोबाइल सेवाएँ चालू करने के लिए कितना खर्च होगा, इसकी जानकारी मित्तल को भी नहीं थी। अगर मालूम होता तो शायद इतनी हिम्मत से नहीं कूदते। उनके मन में विश्वास था। उन्होंने कई व्यापार विशेषज्ञों से मिलकर आवेदन तैयार किया था। तकनीकी मदद के लिए विवेंडी कंपनी थी। अपने आत्मविश्वास के कारण प्रतियोगिता में जीतने की आशा मन में सँजोए थे।

नीलामी हो चुकी थी। तीस से ऊपर भाग लेने वाली कंपनियों में से दिल्ली, मुंबई, कलकत्ता और चेन्नई आदि महानगरों में मोबाइल सेवाओं के लिए अधिकार किन्हें देना है, इसका भी निर्णय लिया जा चुका था।

सुनील मित्तल के अनुमान के अनुसार उन चार महानगरों में मोबाइल सेवाएँ चालू करने के लिए भारती कंपनी को अनुमोदन मिला था। बाकी सारी कंपनियाँ नीलामी हार गई थीं। भारती परिवार की खुशी का ठिकाना न रहा। उनका मजाक उड़ाने वाले लोग उन्हें श्रद्धा से देखने लगे। उनके पास जरूर कुछ खास है, सोचने लगे।

प्रतियोगी कंपनियाँ चुप नहीं बैठीं। एक छोटी सी कंपनी को भारत के चार महानगरों में मोबाइल सेवाओं का अनुमोदन! परदे के पीछे तिकड़म चलने लगी और सरकार ने एक नई घोषणा की। एक

कंपनी को एक ही लाइसेंस मिलेगा।

सुनील मित्तल निराश हो गए। वे दु:ख से व्याकुल थे। भारती कंपनी को बरबाद करने का षड्यंत्र है। अगर किसी बड़ी कंपनी को यह मौका मिला तो ये शर्तें नहीं लादी जातीं।

आखिर उन्होंने सरकार की आज्ञा को सिर झुकाकर स्वीकारा और एक नगर में मोबाइल सेवा के लिए अपने को तैयार किया। उन्होंने 'दिल्ली' माँगा, जबकि उन्हें मुंबई दिया गया। बात कोर्ट तक गई। अगले तीन साल कठिनाई से गुजरे। भविष्य क्या होगा? इस ऊहापोह में भारती परिवार व्याकुल था। उसी समय सुनील मित्तल पर एक और वज्रपात हुआ, मानो उन पर बम फेंका गया हो।

❑

10

क्रांति की शुरुआत

वर्ष 1990 में भारत को दो विषयों ने झकझोर कर रख दिया—पहला, बाबरी मसजिद विध्वंस और दूसरा हर्षद मेहता प्रकरण।

हर्षद मेहता ने भारतीय शेयर बाजार में कई करोड़ रुपयों का गोलमाल किया। उसके साथ उस लूट में कौन-कौन भागीदार रहे? पूछताछ होने लगी। राजनेताओं के साथ-साथ कई प्रमुख व्यक्तियों के नाम भी उछले। तत्कालीन प्रधानमंत्री नरसिम्हाराव का नाम भी सामने आया।

हर्षद मेहता ने यहाँ तक कहा कि उसने प्रधानमंत्री के खास आदमियों के हाथों उन तक एक करोड़ की रिश्वत पहुँचाई। उन व्यक्तियों में सतपाल मित्तल भी एक थे। सतपाल मित्तल प्रधानमंत्री के परम मित्र थे। सुनील मित्तल की मदद से रिश्वत उन तक पहुँचाई गई थी। जब भारत में ये बातें चल रही थीं, सुनील मित्तल अमेरिका में थे। उन्हें विस्मय, घृणा, व्यथा एक साथ हुए।

उनकी चिंता का मुख्य कारण यह था कि उनके स्वर्गवासी पिता पर जबरदस्ती कीचड़ उछाला जा रहा था। अगर वे होते तो

ठीक जवाब देते। पिता के बिना सुनील को इस समस्या के खिलाफ अकेले लड़ना पड़ा। तुरंत भारत लौटे सुनील ने घोषणा की कि उस तथाकथित घूस की रकम से न तो सतपाल मित्तल का, न उनसे कोई संबंध है। उनके पिता या स्वयं उन्होंने किसी का भी प्रधानमंत्री से परिचय नहीं कराया।

लेकिन सुनील की बातों पर ज्यादा लोगों ने विश्वास नहीं किया। इस प्रकार सुनील मित्तल पर आरोपों का कीचड़ लग गया। वास्तव में क्या हुआ? हर्षद मेहता और सुनील मित्तल का संबंध क्या था? सुनील बताते हैं, ''मेहता मेरे चिर-परिचित रहे हैं। उन्हें अपनी उन्नति को लेकर कई सपने थे। लेकिन उन्हें साकार करने के लिए उन्होंने जिन तरीकों को अपनाया, वे बिलकुल गलत थे। उनकी हमने किसी प्रकार से कोई मदद नहीं की।''

लेकिन कई लोग अब भी उन्हें आरोपी मान रहे थे। देश भर में कई उद्योगपति होने के बावजूद हर्षद मेहता ने आखिर सुनील को ही क्यों चुना? क्योंकि सतपाल मित्तल का कांग्रेस से गहरा संबंध रहा। शायद इसीलिए इस अफवाह ने जोर पकड़ा।

कई व्यापारिक पत्रिकाएँ इस वाद-विवाद में आलेख प्रस्तुत कर रही थीं। भारती परिवार की प्रगति में ऐसी बातें थोड़ी सी रुकावटें मात्र रहीं। बाद में जब सुनील निर्दोष साबित हुए तो वही पत्रिकाएँ उनका गुणगान करने लगीं।

भारती परिवार ने यह साबित कर दिया कि उसकी उन्नति राजनीतिक सिफारिश से नहीं, कड़ी मेहनत से हुई। उसी समय सुनील मित्तल की भारती सेल्युलर लिमिटेड मोबाइल सेवा कंपनी की स्थापना हुई। इस कंपनी की ओर से सुनील मित्तल ने अपना ब्रांड नाम दिया–'एयरटेल'।

वस्तुतः उन्हें चार प्रमुख शहरों में मोबाइल सेवा आरंभ करनी थी। लेकिन सरकारी घोषणा के कारण देश के चार महानगरों की अनुमति प्राप्त होने के बावजूद मुंबई में ही सेवा शुरू करनी पड़ी। मुंबई महानगर में मोबाइल सेवा पर होने वाले खर्च के लिए सुनील ने एक हिसाब तैयार किया। लेकिन वास्तव में उससे कई गुना

ज्यादा खर्च हुआ। मिसाल के तौर पर दिल्ली में मोबाइल सेवा के लिए अगर उन्होंने 250 लाख डॉलर का अनुमान लगाया, जो असल में 1 करोड़ डॉलर हो गया।

मन-ही-मन सुनील ने भगवान् का धन्यवाद अदा किया और उन्होंने खुले मन से बताया कि उन्हें भगवान् ने ही बचाया, इसीलिए एक ही नगर में सेवा आरंभ करने की अनुमति मिली। भगवान् या राजनीतिक कृपा से प्रारंभिक मोबाइल सेवा मुंबई से ही शुरू हुई। बाद में अदालत ने उन्हें दिल्ली से मोबाइल सेवा आरंभ करने का अधिकार दिलाया।

सुनील खर्चों की परवाह किए बिना, कड़ी मेहनत से एयरटेल को एक श्रेष्ठ कंपनी बनाने के लिए दिन-रात मेहनत करने लगे। अपनी श्रेष्ठ सेवाओं और उत्तम तकनीक के कारण भारती एयरटेल लोगों में लोकप्रिय होती चली गई।

उस समय एयरटेल की टक्कर की कोई अन्य मोबाइल कंपनी नहीं थी। इसका एकमात्र कारण सुनील का अपने पार्टनरों का चुनाव था। इटली की 'टेलीकॉम इटालिया', इंग्लैंड की अग्रणी

कंपनी 'ब्रिटिश टेलीकॉम'। ये भारती एयरटेल के 20 फीसदी के हिस्सेदार थे। इस क्षेत्र में उनके पूर्वानुभव एयरटेल के विकास के सोपान बने।

नेटवर्क लगाने का काम ज्यादा खर्चीला था। तब सुनील के हाथ में उतना धन नहीं था। बीटेल को घुमाकर देखने पर भी उतने पैसे नहीं मिलेंगे। क्या कर सकते हैं? मित्तल स्वीडन जाकर एरिक्सन कंपनी के अध्यक्ष से मिले। उनसे दिल्ली में नेटवर्क स्थापित करने में मदद माँगी।

"हमें पैसों की परवाह नहीं। एकदम नवीन एवं श्रेष्ठतम तकनीकी साधन चाहिए।" मित्तल ने कहा।

बड़ी बातें सुनकर वे सुनील को करोड़पति, अरबपति समझ बैठे।

तुरंत अपनी बात को आगे बढ़ाते हुए सुनील ने कहा, "अभी हमारे पास पैसे नहीं हैं। इस क्षेत्र के नवीन साधनों के लिए, आपके कर्मचारियों के परिश्रम के लिए अभी हम पैसे नहीं दे सकते।"

एरिक्सन के प्रधान ने सुनील को विस्मित होकर देखा। हाथ में पैसे नहीं, माँगें ज्यादा हैं। नवीन, अत्याधुनिक तकनीकी साधन चाहिए? पागल तो नहीं है?

सुनील मित्तल ने उन्हें भरोसा दिलाते हुए कहा, "आपको पूरे पैसे मिल जाएँगे, जब हमारे कस्टमर्स खुश होंगे, संतुष्ट होंगे।"

मित्तल के अनुसार, "एयरटेल की मोबाइल सेवाओं का लाभ उठाते वक्त ग्राहकों के चेहरे पर मुसकान होनी चाहिए। फोन पर बात करते समय उन्हें एक खास सुखद अनुभव चाहिए। तभी व्यापार फले-फूलेगा। तभी हमारा भारती नेटवर्क प्रसिद्ध हो पाएगा। ज्यादा लोग एयरटेल मोबाइल सेवा खरीदेंगे, उपयोग करेंगे, तब

आपका पूरा हिसाब चुका दूँगा।''

उनकी बातों के मायाजाल में एरिक्सन फँस गए और आवश्यक नेटवर्क देने का वादा किया। अभी एयरटेल को एक भी पैसा खर्च नहीं करना पड़े। लाभ होगा, तब बाँटेंगे। संक्षेप में कहें तो भारत में एक अत्युत्तम मोबाइल नेटवर्क मुफ्त में लाने का श्रेय मित्तल को जाता है।

23 अगस्त, 1995 का दिन हमारे देश के सूचना संचार के क्षेत्र में एक महत्त्वपूर्ण दिन है। इसी दिन भारत में प्रथम मोबाइल फोन सेवा आरंभ हुई। उस दिन पश्चिम बंगाल के मुख्यमंत्री ज्योति बसु ने कलकत्ता से मोबाइल फोन द्वारा दिल्ली में केंद्रीय दूरसंचार मंत्री सुखराम से बात की। ज्योति बसु ने यह भी कहा कि हमारे देश में यह सेवा एक मील का पत्थर है। एक बड़ी क्रांति की शुरुआत है।

सब ठीक है। लेकिन क्या इन मोबाइल फोनों का उपयोग भारतीय जनता व्यापक तौर पर करेगी। सेवा से संतुष्ट रहेगी, लाभ मिलेगा? पूँजी का ठीक उपयोग होगा? जैसे सैकड़ों प्रश्न सुनील के मन में उठने लगे।

❑

11

सभी बुद्धू हैं क्या?

मुख्य सूचना : इस अध्याय में आनेवाली कई बातों पर आज शायद आप विश्वास न करें, क्योंकि आज अत्याधुनिक मोबाइल क्रांति की हवा तेजी से चल रही है। आज मोबाइल कम दामों में पाँच साल के बच्चे तक के हाथ में आ गया है। इस अध्याय में हमने जिन बातों का जिक्र किया है, वे लगभग 15-16 साल पहले की बातें हैं। मोबाइल फोन का प्रचलन भारत में तभी हुआ था, इसे जरा मन में रखकर इस अध्याय को पढ़ेंगे तो ज्यादा रुचिकर लगेगा।

'पान की दुकान में क्या-क्या मिल सकता है? पान, सुपारी, मीठा-बीड़ा, मसाला बीड़ा, ज्यादा हो तो उस दिन का अखबार, पत्रिकाएँ बस इतना ही। दिल्ली की हर गली में ऐसी 4-5 दुकानें तो मिल ही जाएँगी। अगर उन गलियों में मोबाइल नेटवर्क कार्ड आसानी से मिलने लगें तो?' मित्तल सोचने लगे।

उस समय टेलीफोन कनेक्शन लेने के लिए सरकारी दफ्तरों के पीछे घूमना, आवेदन-पत्र देना और लंबी प्रतीक्षा करनी पड़ती थी। उसके बाद भी अगर भाग्य में हो तो कनेक्शन मिलेगा। इस

तंत्र को मित्तल बदलना चाहते थे। आम टेलीफोनों से बेहतर मोबाइल कनेक्शन मिलेगा, तभी तो लोग खुश होंगे और उसे पसंद करके खरीदेंगे।

इसलिए वे मोबाइल फोन कनेक्शन की दुकान विशेषकर 'एयरटेल' कार्यालयों पर मात्र भरोसा न रखकर दुकानों, व्यापार-केंद्रों के माध्यम से उनकी बिक्री की बात करने लगे। इससे कोई भी अपने मोहल्ले में ही फौरन कनेक्शन ले लेगा, अगर मोबाइल रीचार्ज की सुविधा सरल और सुलभ हो।

इस पर खर्च कितना आएगा? उस समय मोबाइल फोन एक छोटी ईंट के आकार का होता था। 45,000 से लेकर 50,000 रुपए तक उनका दाम होता था। ऐसे महँगे सेलफोन का भी खुशी से उपयोग नहीं कर पाते थे, क्योंकि मोबाइल सेवा चार्ज भी ज्यादा था।

एक उदाहरण दूँ। मोबाइल फोन से एक मिनट बात करें तो आपका खर्च होगा सोलह रुपए पचास पैसे। अगर कोई आपको

कॉल करे, तब भी आपको पैसा देना पड़ता था, यानी इनकमिंग कॉल के लिए भी पैसे। सोचेंगे तो करंट लगेगा। उस समय की स्थिति यही थी। रईस लोग, करोड़पति लोग भी सोच-समझकर ही फोन लेते थे। एयरटेल जैसी कंपनियों के पास भी कोई उपाय न था। नेटवर्क लगाने, इस्तेमाल करने के लिए भी ज्यादा रकम देनी पड़ती थी। इसके अलावा सरकार को लाइसेंस शुल्क भी।

ज्यादा पैसे खर्च करने पर भी कम ही लोग खरीदते थे। इसीलिए सुनील मित्तल जैसे लोग लाख कोशिश करके भी मोबाइल सेवा शुल्क कम नहीं कर सके। इसलिए मोबाइल सेवा केंद्रों को पर्याप्त लाभ नहीं मिल पाया, बल्कि कष्ट गहरा होता गया।

अगर इस स्थिति को बदलना है, तो ज्यादा लोगों को मोबाइल खरीदना होगा, तभी नेटवर्क खर्च बाँटकर शुल्क कम हो पाएगा। दिल्ली में मित्तल अपनी व्यापारिक प्रतिभा को, युक्तियों को पूर्ण रूप से इस्तेमाल करके काम चला रहे थे। जहाँ देखो वहाँ एयरटेल का विज्ञापन। गली-गली में, दुकान-दुकान पर एयरटेल नाम वाले विज्ञापनों को रखवा दिया गया था। लेकिन व्यापार में आशातीत वृद्धि नहीं हुई।

इतने व्यापारिक कष्टों के बावजूद सुनील मित्तल को पूरा विश्वास था कि भारत में आगामी औद्योगिक क्रांति मोबाइल क्रांति ही है। इस पर भरोसा करके उन्होंने सोचा कि थोड़ी कठिनाई झेल लेंगे तो मोबाइल क्रांति के समय प्रगति के पथ पर आराम से आगे बढ़ सकते हैं।

लेकिन इसे कैसे सँभालना है? अभी खर्च ज्यादा है, लाभ नगण्य। नेटवर्क पूँजी को अच्छी तरह सँभालना है तो एयरटेल सेवाओं को दिल्ली तक ही सीमित नहीं रखना चाहिए। उसे देश भर में फैलाना चाहिए। लेकिन अभी दिल्ली, पंजाब, हरियाणा,

हिमाचल प्रदेश आदि राज्य ही उनके लक्ष्य थे। दिल्ली उन्होंने जीत ली थी। अब आगे?

उसी समय भारत सरकार ने मोबाइल सेवाओं की दूसरी नीलामी की घोषणा की। उसमें दिल्ली, मुंबई, कलकत्ता, चेन्नई को छोड़कर बाकी नगरों व जिलों के लिए मोबाइल सेवाओं के लिए आवेदन माँगे गए थे। भारती ने पहले लक्षित पंजाब, हरियाणा एवं हिमाचल प्रदेश आदि राज्यों के लिए आवेदन करने का निर्णय लिया। पिछली बार की तरह इस बार भी उन्होंने पूरे विवरण के साथ आवेदन प्रस्तुत किया।

दिल्ली में मित्तल ने काफी अनुभव प्राप्त कर लिया था। उस अनुभव के आधार पर होने वाले खर्च को नियंत्रण में रखकर कम पूँजी में एक उत्तम नेटवर्क देने का दृढ़ संकल्प किया। साथ ही प्रतियोगिता काफी कड़ी थी। पहली नीलामी में जो लोग बाहर हो गए थे, वे इस बार पूरी कोशिश करके जीतना चाहते थे।

उस समय मोबाइल बाजार में उतनी तेजी नहीं थी। अगर धैर्य के साथ बैठे तो जीत सकते थे। तुरंत लाभ की आशा नहीं कर सकते थे। बड़ी कंपनियाँ लाभ की फिक्र पहले नहीं करतीं। वे

4–5 साल इंतजार कर सकती हैं। फिर होने वाले लाभ से सारे घाटे की पूर्ति कर सकती हैं। जबकि भारती कंपनी की स्थिति वैसी नहीं थी। वह एक छोटी, मध्यम वर्गीय कंपनी थी, जो घाटे का सामना करने की स्थिति में बिलकुल नहीं थी। घाटा उसे पूरी तरह से बरबाद कर सकता था।

इसकी वजह से दूसरी नीलामी पैसों का खेल बन गई। बड़ी कंपनियाँ जीतने की तीव्र उत्कंठा से सरकार को बड़े पैमाने पर पैसे देकर लाइसेंस लेने को तैयार थीं, लेकिन सुनील इसके लिए तैयार नहीं थे। उनके दोस्तों ने कई बार उन्हें दूसरी कंपनियों के बराबर लाइसेंस रकम देने की सलाह दी, लेकिन मित्तल नहीं माने। इस नीलामी में करोड़ों रुपयों का खेल हुआ। सरकार ने सभी कंपनियों के आवेदनों का विश्लेषण किया। सभी कंपनियों की लाइसेंस रकम भारती से ज्यादा थी। इससे पंजाब, हरियाणा में मोबाइल सेवा के मौके को मित्तल खो बैठे। उन्हें मात्र हिमाचल प्रदेश मिला।

मात्र दिल्ली, हिमाचल प्रदेश से भारत भर में कैसे ख्याति प्राप्त करेंगे? मित्तल एक सुनहरे मौके को खो बैठे। सारे मित्र कहते रहे, अगर आप समझौता कर लेते तो पूरे उत्तर भारत में आपका नाम होता।

यह हार उन्हें दुखद लगी। लेकिन उन्होंने कोई गलत काम नहीं किया था। उनका हिसाब बिलकुल ठीक था।

"तो क्या बाकी लोग मूर्ख हैं?"

"मैंने ऐसा नहीं कहा। उनका हिसाब गलत है, वही मैं बता सकता हूँ।"

उन्हें पक्का मालूम था कि एयरटेल से प्रतियोगिता करने वाली कंपनियाँ उन्हें जीतने की कोशिश में लाइसेंस लेकर बैठ गई हैं।

उन्हें पक्का विश्वास था कि अगर लाइसेंस ही भारी रकम देकर खरीदना है, तो लाभ पाना मुश्किल है।

लेकिन इस बात को उन्होंने मन के अंदर ही रखा। उनमें थोड़ी भी घबराहट नहीं थी। न ही वे विचलित थे। आत्मविश्वास के साथ दृढ़ निश्चयी होकर रहे। यही बात जब उनसे एक साक्षात्कार में पूछी गई कि क्या वे हार गए हैं? तब उन्होंने हिम्मत से जवाब दिया–

"यह कहानी अभी समाप्त नहीं हुई है, बाकी है। कई लोग खून बहाएँगे।"

"मतलब?"

"इंतजार करके देख लीजिए, मालूम हो जाएगा।"

❑

12

एयरटेल की धूम

किसी व्यवसाय में आनेवाले नए लोग उस क्षेत्र में खूब लाभ कमाना चाहते हैं तो उन्हें दो बातें याद रखनी चाहिए—पहली, उस क्षेत्र में जीतने की लालसा और उत्सुकता, दूसरी कड़ी मेहनत, संभव हो तो थोड़ा सा अनुभव भी।

मोबाइल सेवा क्षेत्र में सुनील मित्तल के पास कड़ी मेहनत और उत्सुकता थी, लेकिन पर्याप्त अनुभव नहीं था। उसे वे अपनी सह-कंपनियों से प्राप्त कर सकते हैं, उसी उम्मीद के साथ वे बड़े उत्साही होकर उस क्षेत्र में कूदे। उस समय भारत में मोबाइल सेवा के लिए होड़ सी मची थी। सारी कंपनियाँ मात्र धन कमाने के उद्देश्य से उस क्षेत्र में कूद पड़ीं। उस क्षेत्र में आने के बाद ही पता चला कि पैसे के साथ कड़ी मेहनत की भी जरूरत थी। वहाँ लंबी दौड़ के बाद ही विजय मिल सकती थी।

तात्कालिक लाभ न देखकर कई कंपनियाँ काफी निराश हुईं। उनके क्षेत्रों में भारतीयों को मोबाइल कनेक्शन लेने के लिए खूब मेहनत करनी पड़ी। लेकिन कड़ी मेहनत के बावजूद कोई लाभ न

मिला। लोग बेचैन थे। एयरटेल को मिले नुकसान की दृष्टि से देखा जाए तो उनके प्रतियोगी एक के बाद एक नीचे गिर रहे थे। सुनील ने चतुराई से काम लिया। एक तो खर्च कम करके कंपनी को काबू में रखा। दूसरा, बहुप्रचार करके उसे लोकप्रिय बनाया।

सारे टोटके आजमाने के बावजूद दिल्ली में मोबाइल का उपयोग करनेवालों की संख्या धीमी गति से बढ़ रही थी। दो साल में एयरटेल के ग्राहकों की संख्या लगभग एक लाख थी। विस्मय की बात यह है कि पहले दो सालों में ग्राहकों के मामलों में डगमगाकर चलने वाली एयरटेल बाद के आठ सालों में तीन करोड़ से भी ज्यादा ग्राहकों की प्रिय बन गई। तभी सुनील मित्तल को अपेक्षित लाभ मिलना शुरू हुआ। लेकिन उससे पहले एयरटेल कछुए की गति से विकास की ओर बढ़ रही थी। उसके प्रतिभागियों की स्थिति और धीमी थी।

उन कंपनियों के पास अधिक पूँजी थी और उनके मालिक लब्ध-प्रतिष्ठित उद्योगपति थे। लेकिन वे जनता को अपनी ओर नहीं खींच सके। सन् 1995 में शुरू हुई भारतीय मोबाइल सेवा के इतिहास के प्रथम भाग के कुछ पन्ने अत्यंत शोचनीय थे। लगभग सारी मोबाइल कंपनियों को कितनी भी कोशिश करके लाभ नहीं मिला। दूसरी ओर लाइसेंस की भारी रकम भी भरनी पड़ती थी। तभी सब को पता चला कि सुनील बड़े राजतंत्री हैं, क्योंकि वे लाइसेंस शुल्क का हिसाब पहले ही तय कर लेते थे। इसलिए उनका मार्ग आसान था।

अत: एयरटेल से प्रतिस्पर्धा रखने वाली कंपनियों की स्थिति अत्यंत शोचनीय थी। बिजनेस में हुए भारी नुकसान की क्षति-पूर्ति करना ही उनके लिए मुश्किल था, बीच में सरकार को लाइसेंस के पैसे। भारती के अलावा अन्य कंपनियाँ लाइसेंस के पैसों को सही समय पर भरने में असमर्थ हो गईं। सरकारी अधिकारी उन पर दबाव डाल रहे थे।

"अगर लाइसेंस शुल्क नहीं भरेंगे तो मोबाइल सेवाओं का अधिकार रद्द कर देंगे।" सरकार की धमकी सुनकर सारी कंपनियाँ एक साथ मिलकर एक निर्णय पर पहुँचीं। उन्होंने सरकार से निवेदन किया कि वह लाइसेंस किराया न ले, बल्कि होनेवाले लाभ में से तय हिस्सा ले ले। इसके बाद बाकी कंपनियाँ फिर ढीली पड़ गईं।

सुनील मित्तल को यह समस्या नहीं थी, क्योंकि वे सरकारी देय रकम को सही समय पर भरते थे। लेकिन वे चुपचाप नहीं बैठे। अपने विदेशी भागीदारों को बुलाकर उनसे मोटा निवेश माँगा। सुनील मित्तल की प्रणाली उन्हें पता नहीं थी। लेकिन वे उन्हें

विमुख नहीं करना चाहते थे। इसीलिए उनकी इच्छानुसार पैसों का बंदोबस्त करने लगे।

उतने पैसे लेकर सुनील ने क्या किया? कुछ नहीं। कुछ समय तक चुपचाप बैठे रहे। वे समय की प्रतीक्षा में थे। उन्हें मालूम था मोबाइल-जगत् में कोई भारी परिवर्तन आनेवाला है। सारी कंपनियाँ जब नुकसान का शिकार होंगी, तब भारती मौके को भुनाकर राज करेगी। यही उनकी प्रणाली थी।

वे पिछली नीलामी में हाथ से निकली जगहों को इस बार अवश्य खरीदना चाहते थे। इसलिए चुप बैठे रहे।

उनकी अपेक्षानुसार तमाम कंपनियाँ दिवाले के लिए तैयार थीं और सुनील उन्हें खरीदने को तत्पर थे। उन्होंने मोबाइल सेवाधिकार स्वयं खरीदने की घोषणा की। उनसे प्रतिस्पर्धा लेने वाली कंपनियों के मन में सुखद आश्चर्य हुआ। वे खुशी से तैयार हो गईं। आंध्र प्रदेश, कर्नाटक, चेन्नई बाद में पंजाब और कलकत्ता के अधिकार

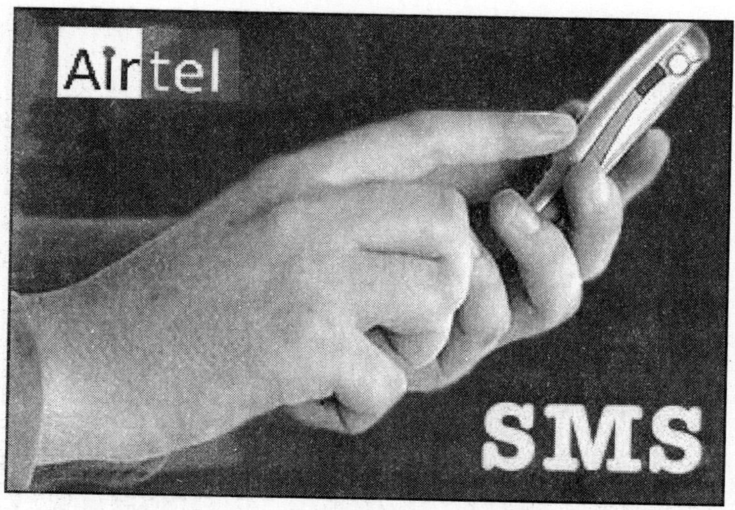

भारती को मिल गए। इस प्रकार भारती ने एक अग्रगण्य मोबाइल कंपनी का रूप ले लिया। सुनील इससे भी संतुष्ट नहीं हुए। अगली नीलामी में उन्होंने गुजरात, मध्य प्रदेश, तमिलनाडु, केरल, महाराष्ट्र, उत्तर प्रदेश के एक हिस्से, मुंबई आदि शहरों में विजय प्राप्त की। इसके बाद पूरे भारत में एयरटेल एक अग्रणी मोबाइल कंपनी के रूप में प्रतिष्ठापित हो गई। एक उदाहरण देखें।

उस समय कलकत्ता में 'मोदी ग्रुप्स' कंपनी मोबाइल सेवा प्रदान कर रही थी। कंपनी भारी नुकसान का शिकार थी। सुनील को सब पता था। वे बस समय का इंतजार कर रहे थे। उस स्थिति में एक शुक्रवार को संध्या वेला में उन्हें एक गोपनीय सूचना मिली कि मोदी कंपनी अपने कलकत्ता के सेवा अधिकार को बेचना चाहती है। सुनील मित्तल तुरंत सक्रिय हो गए।

वे उस सुनहरे मौके को खोना नहीं चाहते थे। आमतौर पर शनिवार, रविवार के दिन बिजनेस की बातें नहीं होतीं। लेकिन मित्तल अलग स्वभाव के हैं। शनिवार हो या रविवार काम कीजिए, यही

बात वे अपने कर्मचारियों से कहते हैं। मोदी ग्रुप्स के साथ व्यापार संबंधी बातें शुरू हो गईं। दो दिन तक सुनील मित्तल व उनके साथी सोये नहीं। अहर्निश काम करके समझौता पत्र तैयार किया।

सोमवार के दिन सुबह साढ़े नौ बजे मसौदे पर हस्ताक्षर हुए और तुरंत अपने अधिकारियों को कलकत्ता भेजकर महानगर के नेटवर्क को भारती ने अपने नियंत्रण में ले लिया। यह तेज गति ही उनके स्वभाव की विलक्षणता है। निर्णय लेने में देरी करेंगे तो आगे बढ़ना मुश्किल होगा, यही उनका आदर्श वाक्य है, विश्वास भी। लेकिन जल्दबाजी में निर्णय गलत भी नहीं होना चाहिए। नए व्यापार क्षेत्र में कूदते समय गहरा अध्ययन करके संभव-असंभव कार्य का विश्लेषण करके, उस प्रणाली के साथ जुड़ी हुई बैंकों की मदद, पार्टनरों का विवरण, सारी मालूमात करके अपने सहयोगियों की अनुमति से ही उस क्षेत्र में पदार्पण करना सुनील मित्तल की शैली रही है।

❑

13

मोबाइल किंग

अब तक की कहानी पढ़कर आप सोच रहे होंगे कि मोबाइल किंग बनकर सुनील मित्तल नोटों के बिस्तर पर लोटने लगे होंगे? कल्पना में ठीक है, लेकिन हकीकत में ऐसा नहीं था। कल तक एक छोटी सी कंपनी चलाने वाले को एक साथ बीस बड़ी कंपनियाँ चलानी पड़ रही थीं तो कितना काम उनके कंधों पर होगा, जरा सोचिए!

सुनील मित्तल की मोबाइल भूख के कारण भारती कंपनी पर बोझ एकाएक बढ़ गया। कम समय में एयरटेल के लगभग पच्चीस गुना ग्राहक बढ़ गए। अब तक दिल्ली में रहकर हिमाचल प्रदेश का संचार सँभालने वाले एयरटेल के अधिकारियों को अब भारत भर के बृहत् संचार संचालन का कार्यभार सँभालना पड़ रहा था। एक ही कंपनी के बहुभाषी भारत में इस प्रकार पैर फैलाना कोई सामान्य बात नहीं थी।

भारत जैसे बहुभाषी देश में जहाँ विभिन्न भाषाएँ, विभिन्न संस्कृतियाँ, आदतें, रहन-सहन हैं, उन सबको अपने में समेटकर,

उनके अनुसार अपने व्यवसाय को बढ़ाना पड़ता है। वह काम इतना आसान नहीं था। लेकिन मित्तल इस चुनौती को स्वीकारने के लिए तैयार थे। लुधियाना में साइकिल के स्पेयर पार्ट्स बेचते समय भी सुनील 'भारत' के ही सपने देखते थे।

सुनील की सोच के अनुसार पूरे भारत में नेटवर्क बिछाना उतना आसान नहीं था। ज्यादा धन खर्च, इससे भी ज्यादा दिन-रात की कड़ी मेहनत। एक पल भी बेकार किए बिना श्रम करना पड़ता था। इस भारी विकास को काबू में रखने के लिए काफी पूँजी की भारी आवश्यकता थी। इसके लिए उन्होंने कई विदेशी संपर्कों से सहयोग लिया।

विशेषकर, सिंगापुर की प्रमुख कंपनी 'सिंगटेल' भारती से

जुड़ गई। इसी प्रकार अमेरिकी पूँजी संस्था 'वारबर्ग पिनाकस' बड़ी रकम को पूँजी के रूप में देने को तैयार हुई। सुनील मित्तल के विजय-इतिहास में इस प्रकार की कई संस्थाओं के अध्याय जुड़े हैं। कोई अगर सुनील की ओर हाथ बढ़ाता तो वे कभी अस्वीकार नहीं करते। सुनील हमेशा दूसरों की प्रतिभाओं को पहचानते हैं। इससे उन्हें लाभ मिलता है। एक तो पूँजी दूसरा उनका अनुभव।

सुनील मित्तल पर भरोसा रखकर जिसने भी हाथ आगे बढ़ाया, उनके औद्योगिक ज्ञान को देखकर विस्मित हो गया। ज्यादातर विदेशी कंपनियाँ भारतीय बाजार में पैठ बनाने की इच्छुक थीं, लेकिन सही पार्टनर के बिना यह संभव नहीं था। ऐसी तमाम कंपनियाँ मित्तल पर भरोसा करके पैसा लगाने को तैयार थीं। इसका बड़ा कारण यही था कि सुनील मितव्ययी हैं। वे एक-एक पैसे का हिसाब रखते हैं। उनकी इस स्वभावजन्य विशेषता का सभी सम्मान करते हैं।

सन् 1999 में भारत सरकार ने अपनी नई दूरसंचार नियमावली

पेश की। उसके अनुसार अब मोबाइल ऑपरेटर्स को लाइसेंस नवीकरण के लिए पैसे देने की आवश्यकता नहीं थी, बल्कि लाभ में से एक नियत हिस्सा देय था।

लाइसेंस जैसा राक्षसी बोझ हटने पर सुनील जैसे उद्योगपति का दिल राहत से भर गया। अब वे निश्चित होकर व्यापार को आगे बढ़ा सकते थे और उल्लेखनीय बात यह है कि एयरटेल की सारी सेवाओं पर होने वाला पूरा खर्च सुनील की टीम के हाथ में आ गया। कहाँ पैसे बचाना है, कहाँ खर्च करना है आदि का पूर्ण ज्ञान उनमें था। जिससे उन्हें भरोसा था कि वे लाभ कमा सकते हैं। एक छोटा सा उदाहरण देकर इसे समझाया जा सकता है–

- पूरे चेन्नई में नेटवर्क लगाना हो तो 100 करोड़ रुपए खर्च होंगे। यहाँ पूँजी की आवश्यकता है, तभी एयरटेल चेन्नई में पदार्पण कर सकती है।
- इस प्रकार तैयार नेटवर्क की देखभाल में महीने भर में दस करोड़ का खर्च होगा।
- इस नेटवर्क को विज्ञापनों द्वारा प्रचारित कर जनता में से हर महीने लगभग पंद्रह करोड़ कमा सकते हैं।
- कमाई के पंद्रह करोड़ में से पाँच करोड़ सरकारी फीस तो भारती परिवार को एक पैसा भी नहीं बचता।

अब तो लाइसेंस का झंझट नहीं था। पाँच करोड़ में से एक तय हिस्सा सरकार को देना है, बाकी सारे पैसे 'भारती' को मिलेंगे।

अब सुनील मित्तल को दो काम करने हैं। एक, चेन्नई में नेटवर्क संबंधी परामर्श पर दस करोड़ खर्च हो रहा है? उसे 8 करोड़ तक कम क्यों नहीं कर सकते–स्तर में, गुणवत्ता में समझौता किए बिना। अनावश्यक खर्चों को कम करके थोड़ा–बहुत विकासोन्मुख

कार्य कर सकते हैं। दूसरी बात, अगर अब चेन्नई के लिए मोबाइल सेवाओं की बिक्री 15 करोड़ हो तो उसे बीस करोड़ कमाने वाला कैसे बना सकते हैं।

ये दोनों काम हो जाएँगे तो बीस में से आठ घटाने पर बारह करोड़ लाभ जरूर मिलेगा। उसमें से एक हिस्से को सरकार को देने पर भी भारती परिवार को खूब पैसे मिलेंगे। ऐसे लाभ को खास अपने स्वार्थ के लिए इस्तेमाल करने की आदत सुनील की नहीं थी। व्यवसाय लाभ को दुबारा पूँजी के रूप में डालकर उत्तरोत्तर प्रगति की ओर बढ़ना उनका लक्ष्य रहा। उससे अगले महीने उसी शहर में नेटवर्क विस्तार कर सकते हैं। एयरटेल मोबाइल सेवा को पहले से भी ज्यादा श्रेष्ठ बना सकते हैं। उसमें से एक हिस्से को ग्राहकों को वापस दे सकते हैं।

वापस देने का मतलब प्रत्येक ग्राहक को डी.डी. देना नहीं, बल्कि अगर एक मिनट के लिए दस रुपए शुल्क हो तो उसे आठ रुपए कर सकते हैं।

दूसरे मोबाइल फोनों की तुलना में एयरटेल का शुल्क कम

होने पर इसे पहले से ज्यादा ग्राहक मिल सकते थे। इससे कंपनी की आमदनी को महीने में बीस से तीस तक बढ़ा सकते थे। उसके बाद तीस से चालीस, पचास और आगे...।

सुनील मित्तल की टीम बिलकुल कोल्हू का बैल बन गई। भारत में मोबाइल का शुल्क एक मिनट के लिए 16 रुपए 50 पैसे था, पर अब पचास पैसे, दस पैसे, पाँच पैसे हो गया है। इसका कारण एयरटेल ही है।

इसके अलावा दुनिया भर में मोबाइल फोन सैट बनने लगे। कंपनियाँ कम दाम में स्तरीय मोबाइल फोन बनाने लगीं, फलतः एक जमाने में चालीस हजार के मिलने वाले फोन पाँच हजार, तीन हजार में मिलने लगे। उनका आकार भी छोटा हो गया।

दूसरी महत्त्वपूर्ण बात, मोबाइल फोन में इनकमिंग कॉल के लिए पैसे नहीं लिये जाएँगे, यह घोषणा कर दी गई। यह घोषणा भारतीय मध्यमवर्गीय लोगों के लिए वरदान साबित हुई। मोबाइल फोन का नाम सुनते ही घबराने वाले लोग अब उनकी ओर आकर्षित होने लगे। अधिकतर लोग मोबाइल फोन लेने की सोचने लगे। धीरे-धीरे यह वेतनवर्गी लोगों, गृहणियों, विद्यार्थियों और सभी प्रकार के लोगों तक पहुँच गया। इस बदलाव का कारण एयरटेल ही है।

भारत भर में प्रथम दो लाख ग्राहक बनाने वाली एकमात्र मोबाइल कंपनी 'भारती एयरटेल' ही रही। मोबाइल सेवाओं से भारी नुकसान होगा—सिद्धांत को बदलकर प्रथम उससे लाभ कमाने वाली एकमात्र कंपनी भी यही है। इसके बाद मोबाइल फोन सेवाओं से लैंडलाइन, इंटरनेट सेवा आदि में पदार्पण करने का श्रेय भी एयरटेल को ही जाता है।

धीरे-धीरे इस क्षेत्र में निजी कंपनियों की होड़ शुरू हो गई। सरकार ने भी अपनी कंपनी बी.एस.एन.एल. (भारत संचार निगम लिमिटेड) के नाम से उतारी, लेकिन वह सफलता में एयरटेल से मीलों दूर रही। प्राइसवार आरंभ हुआ और इससे फायदा ग्राहकों को ही मिला।

सन् 1999 में आरंभ होकर लगभग तीन-चार सालों में भारतीय दूरसंचार क्षेत्र में जो वैश्विक विकास हुआ, उसका मुख्य कारण सुनील मित्तल हैं। भारतीय टेलीकॉम विजय के इतिहास को एयरटेल सुनील मित्तल के नाम को उल्लेख किए बिना कोई नहीं लिख सकता।

सुनील मित्तल का ध्येय मोबाइल शुल्क को घटाकर बिक्री बढ़ाना नहीं बल्कि देश भर में एयरटेल के लिए अत्याधुनिक आधारभूत ढाँचा खड़ा करना भी रहा। इस पर होने वाले करोड़ों रुपए के खर्च की मित्तल ने कभी परवाह नहीं की। क्योंकि वे जानते थे कि अच्छे नेटवर्क के बिना कोई भी मोबाइल कंपनी

विजयी नहीं बन सकती। अगर किसी ग्राहक ने सिग्नल न मिलने की शिकायत की तो फिर वह उसके पास नहीं आएगा। ग्राहकों को खोना बहुत बड़ा नुकसान है। यह सब बखूबी जानते थे। इसीलिए मोबाइल नेटवर्क के निर्माण में उन्होंने पैसा बचाने के बारे में कभी नहीं सोचा।

अब तक भारती ने अपने मोबाइल नेटवर्क के लिए कितना पैसा खर्च किया है, मालूम है? लगभग पंद्रह हजार करोड़ रुपयों से भी ज्यादा।

''जनता हमारे करोड़ रुपयों के लाभ को ही देखती है, उसी साल हमने उससे भी ज्यादा पूँजी व्यापार में लगाई होगी, उसका ध्यान किसी को भी नहीं''। बताते हुए हँसते हैं सुनील मित्तल। ''इतनी बड़ी पूँजी नहीं तो नेटवर्क ठीक नहीं। नेटवर्क नहीं तो ग्राहक नहीं, लाभ नहीं, उन्नति नहीं, कुल मिलाकर हम होते ही नहीं।''

पहले भारती कंपनी सुनील मित्तल एवं उनके भाई की देखरेख में संचालित थी। लेकिन भारत भर में सफलता पाकर विजयी बने एयरटेल को और प्रबंधकों की आवश्यकता पड़ी। इसके लिए मात्र अपने परिवार वालों पर भरोसा न रखकर मित्तल ने व्यावसायिक विशेषज्ञों की नियुक्ति की। उनके इस व्यवहार से ज्ञात होता है कि इसके बाद भारती पारिवारिक कंपनी नहीं रही।

वर्तमान में भारती के दस से ज्यादा व्यावसायिक क्षेत्र हैं। इनका नेतृत्व करते हुए सफलता की ओर ले जानेवाली यही विशेषज्ञ मंडली है। मित्तल ने इसे पूर्ण रूप से आजादी दी है, जिससे कंपनी की विकास यात्रा में किसी भी प्रकार का अवरोध न आ पाए। उन्नीसवीं सदी का उत्तरार्ध मोबाइल फोनों के लिए

स्वर्णिम काल रहा। उस विकास को मित्तल ने अच्छी गति और प्रगति दी।

सुनील मित्तल के भाग्य की विशेषता यही है कि वे सात-आठ साल से ज्यादा चैन से किसी क्षेत्र में नहीं रह सकते। वैसे ही कोई नई समस्या उत्पन्न होगी या कोई प्रतियोगिता।

वही अब हुआ। भारत की बहुत सी अग्रगण्य कंपनियाँ सुनील की मोबाइल कंपनी को हड़पने का प्रयत्न कर रही थीं। हालाँकि भारती भारत की एक प्रमुख मोबाइल कंपनी है, लेकिन उसकी तुलना में वे वैश्विक कंपनियाँ हैं, जिनके पास जेब भर पैसे और राजनीतिक बल है। किसी भी तरह से मित्तल उनके खिलाफ नहीं जा सकते थे।

ठीक है, भारती की कहानी समाप्त हुई। विशेषज्ञों का यही विचार था। सुनील मित्तल के साथी कर्मचारी भी भरोसा छोड़कर 'एयरटेल' का अंतिम क्रियाकर्म करने को तैयार हो गए।

❑

14

महामुकाबला

आपने पुरानी फिल्मों में भीमाकार, भयंकर खलनायक को देखा होगा, जो खड्ग लेकर आता है तो चारों ओर खलबली मच जाती है। भारतीय व्यावसायिक क्षेत्र में भी कई ऐसी खलनायक (या नायक) इकाइयाँ थीं, जो संचार क्रांति में खलबली मचाने की तैयारी में थीं। सुनील मित्तल जैसे उद्योगपतियों के लिए इनका मुकाबला करना काफी कठिन था।

कौन हैं वे बड़े लोग? धीरूभाई अंबानी? शून्य से शुरू करके एक बड़े बिजनेस साम्राज्य की स्थापना करने वाले, कठिन परिश्रमी। उनकी रिलायंस कंपनी स्वतंत्र भारत की दिग्विजय गाथाओं का प्रतीक बनकर उभरी है। उनकी कंपनी रिलायंस अब मोबाइल क्षेत्र में भी पदार्पण करना चाहती थी। लेकिन उसमें कूदने से लाभ मिलेगा? इस पर विचार-विमर्श हो रहा था। इस संबंध में धीरूभाई अंबानी उनके बेटे मुकेश अंबानी, अनिल अंबानी तीनों ने केंद्रीय दूरसंचार मंत्री सुखराम से मिलकर उनकी राय पूछी।

''सुनिए अंबानीजी, अभी आप मिट्टी खोदकर उसे सोना बना

रहे हैं। अगर आप मोबाइल क्षेत्र में आ गए तो हवा से ही धन की फसल काट सकते हैं।'' यह सुखराम की सलाह थी।

इन बातों से निश्चिंत होकर अंबानी की रिलायंस कंपनी ने मोबाइल के क्षेत्र में कूदने की घोषणा कर दी। इसे सुनकर सुनील मित्तल के मित्र, हितैषी ऐसे फोन करने लगे मानो शोक-सांत्वना दे रहे हैं।

रिलायंस कंपनी मोबाइल सर्विस शुरू करे, इससे सुनील मित्तल का क्या संबंध? रिलायंस को किसी भी क्षेत्र में पराजय मंजूर नहीं। अगर वे मोबाइल सेवा में आ गए तो वे ही 'सुपर स्टार' बनना चाहेंगे।

इसका मतलब 'एयरटेल' जैसी छोटी कंपनियों का मौका हाथ से गया। ग्राहकों को रिलायंस एकदम अपनी ओर खींच लेगी।

रिलायंस का मुकाबला कोई नहीं कर सकता। उनका धनबल, कंपनी का संगठन, उसकी व्यवस्था, राजनीतिक सिफारिशें–उन सबके सामने भारती धूल जैसी उड़ जाएगी। अफवाहों का बाजार गरम था।

रिलायंस का इतिहास जाननेवाले कह रहे थे कि अगर वे चाहेंगे तो बहुत सस्ते में या मुफ्त में ही मोबाइल दे सकते हैं। रिलायंस होने वाले नुकसान के बारे में सोचने वाली कंपनी नहीं थी। उसके सामने भारती और अन्य मध्यम कंपनियों की जान निकल जाएगी।

एयरटेल अब खत्म हुआ चाहती है, सब सोचने लगे थे। सुनील के हितैषी उन्हें धंधा बदलने की सलाह देने लगे थे। रिलायंस का बल सुनील को मालूम था। उसका हमला, शक्ति उन सबसे वे परिचित थे। मन में घबराहट तो थी, लेकिन मोबाइल क्षेत्र छोड़ने के पक्ष में नहीं थे। उन्हें भरोसा था कि वे 'मैनेज' कर लेंगे। अकेले उनके अलावा किसी को भरोसा नहीं था। रिलायंस से वे सामना कैसे कर सकते हैं।

पूर्वानुमानुसार रिलायंस पूरी शक्ति के साथ मोबाइल क्षेत्र में कूद पड़ी। सुनील ने कई सालों तक मेहनत करके राष्ट्रीय नेटवर्क बनाया था। उसे रिलायंस ने तीन ही महीनों में बना लिया। इतना ही नहीं, मोबाइल फोन मुफ्त में देने की घोषणा की और प्रति मिनट चालीस पैसे देकर भारत भर में बात कर सकते थे। इस प्रकार कई आकर्षक घोषणाओं एवं विज्ञापन के साथ रिलायंस ने बिजनेस शुरू किया।

यह कैसे संभव था? हजारों की कीमत का मोबाइल फोन मुफ्त में और शुल्क भी कम कर दिया तो रिलायंस कैसे अपना बिजनेस चलाएगी? सुनील मित्तल की एयरटेल सेवा जी.एस.एम.

(ग्लोबल सिस्टम फोर मोबाइल) नामक तकनीकी से चल रही थी। उसके लिए मोबाइल फोन सेट अलग से खरीदकर उसमें 'सिमकार्ड' अंदर लगाना पड़ता है। लेकिन रिलायंस मोबाइल सी.डी.एम.ए. (कोड डिविजन मल्टीपल एक्सेस) नामक अन्य आधुनिक तकनीकी विज्ञान को लेकर आगे बढ़ी। उनके लिए सिमकार्ड की आवश्यकता नहीं थी बल्कि वह मोबाइल में लगा हुआ ही आता था। जी.एस. एम. तथा सी.डी.एम.ए. में कौन श्रेष्ठ है, इसकी चर्चा आज भी होती है। लेकिन तब सरकार ने सी.डी.एम.ए. मोबाइल की सुविधानुसार कानून बनाया और लागू किया।

रिलायंस फोन से चालीस पैसे में भारत भर में बात कर सकते हैं, यह खबर सुनकर मित्तल घबराए। भारत के संचार कानून रिलायंस पक्ष के समर्थक होने के कारण वे बहुत हताश हुए। लेकिन चिंता करने से समस्याएँ हल तो नहीं हुआ करतीं।

लोग पूछ रहे थे कि क्या सुनील बिजनेस बंद कर देंगे?

भारती के कर्मचारी भी व्यथित और हताश थे। कार्यालय में जिंदा लाश की तरह यांत्रिक रूप से काम करने लगे थे। "क्या हुआ? आप लोग दुखी क्यों हैं?" बार-बार सुनील सवाल करते थे। "और क्या बाकी रह गया है सर, सब कुछ तो लूट चुका है।" कुछ लोग विरक्त मन से जवाब देते।

"नहीं, कुछ भी नहीं हुआ है। हम जीतेंगे। तूफान गुजरने के बाद सब ठीक हो जाएगा।" सुनील अपने निर्णय पर अडिग थे। इस आपदा के बाद भविष्य हमारा होगा।

सुनने में अच्छा लगता था। हकीकत में होगा क्या? रिलायंस, टाटा जैसी कंपनियों के सामने भारती सँभलकर खड़ी हो सकेगी। दौड़ने के लिए वे तैयार नहीं थे। हमारा भविष्य यहीं सुनहरा बनकर रहेगा। यही उनका दृढ़ निश्चय था। अपने तनाव कम करने के लिए वे फिल्म देखते थे और उस तूफान को कैसे सँभालना है, यही सोचते थे।

मोबाइल की दुनिया में रिलायंस, टाटा बड़े आवेग से कूदे थे। जहाँ देखो, एयरटेल के बदले उनकी सस्ती स्कीमें। विज्ञापन देकर देश भर में अपना नेटवर्क फैलाया, यहाँ तक कि छोटे-मोटे कस्बों तक अपने फोन पहुँचाए। उनकी तुलना में एयरटेल की विकास दर घट गई। ज्यादातर एयरटेल ग्राहक रिलायंस, टाटा आदि कंपनियों में चले गए। लेकिन अपना समय लौटने तक इंतजार करना होगा, यही सोचकर सुनील धैर्यपूर्वक बैठे थे।

सुनील कभी ऐसी चुप्पी नहीं साधते थे। आवेग से, आक्रोश से आगे जाना उनकी स्टाइल थी। उनकी मौन-साधना को देख अखबार व विभिन्न पत्र-पत्रिकाओं में खबरें छपने लगीं कि एयरटेल की कहानी समाप्त हो गई है। सुनील अपनी कंपनी को बेचकर

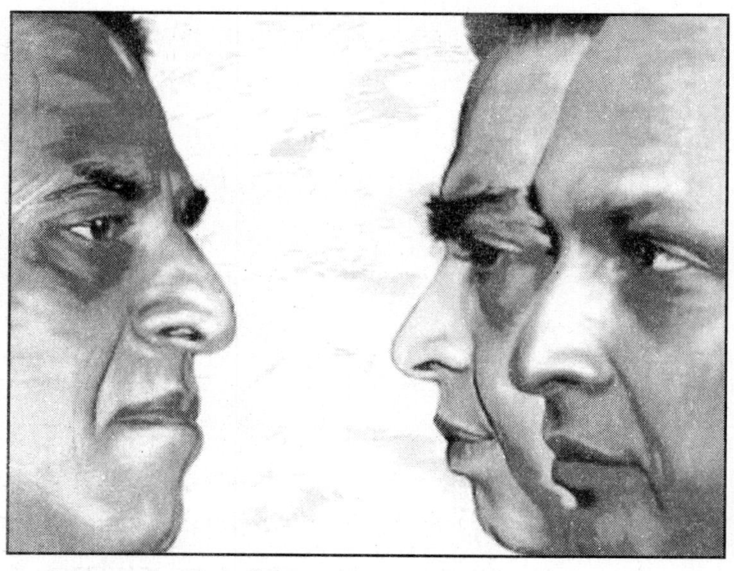

भागेंगे, ऐसी अफवाहें फैलने लगीं।

इससे भारती कंपनी का सिरदर्द और बढ़ गया। कई प्रमुख अधिकारी, मैनेजर बिना कारण बताए नौकरी छोड़ने लगे। इस समस्या का तुरंत हल निकालना था, वरना भारती खुद नीचे गिर जाती। आगामी छह से नौ महीने तक सुनील ने बाहर किसी से बात नहीं की। वे अपना पूरा ध्यान, मेहनत भारती को मजबूत बनाने में लगाने लगे। सभी आश्चर्यचकित थे कि बाहर शत्रु खड़े हैं और वे चुपचाप अंदर क्या कर रहे हैं? लेकिन अंदर बैठे सुनील चुप नहीं थे, एयरटेल की नींव को मजबूत कर रहे थे।

कंपनी में दो प्रकार के मुद्दे रखे गए—एक पक्ष के लोग बोल रहे थे कि रिलायंस, टाटा आदि से सीधे लड़ेंगे। जनता के बीच में जाकर एयरटेल की विशेषताएँ बताकर उसे अपनी ओर खींचेंगे। दूसरे पक्ष के लोगों का कहना था कि हम चुपचाप देखेंगे और सकारात्मक हालत देखकर बाद में हमला करेंगे।

सुनील ने दूसरे पक्ष का समर्थन किया। जब समय अनुकूल आएगा तो हवा हमारी ओर बहने लगेगी। उनका कहना था, ''कितने समय तक रुकना है, पता नहीं, लेकिन हमारे पास अपने कुछ वफादार कस्टमर्स हैं। उनसे मिलेंगे, उनकी समस्याएँ, अपेक्षाएँ आदि जानेंगे। उनके कहे अनुसार एयरटेल प्रतिनिधि अपने ग्राहकों से कई बार मिले और उनकी समस्याएँ ध्यान से सुनीं तथा उनका निराकरण किया। इस प्रकार उन्होंने उन्हें सस्ती सेवा की ओर आकर्षित होने से रोका।

उनका ध्येय था कि वे रिलायंस, टाटा आदि पर सीधा हमला नहीं करेंगे। उनकी मान्यता थी कि कितनी ही मोबाइल कंपनियाँ आ जाएँ, यह बिजनेस बढ़ता ही रहेगा, सिकुड़कर नीचे नहीं गिरेगा। कोई भी कंपनी किसी के मार्केट को हड़प नहीं सकती।

उनकी सोच के अनुसार रिलायंस, टाटा जैसे सी.डी.एम.ए. मोबाइलों का अपना एक अलग बाजार हो गया, जिससे जी.एस.एम. पर कोई फर्क नहीं पड़ा। जी.एस.एम. कंपनियों का राजा एयरटेल ही था। सी.डी.एम.ए. की शुरुआत के बाद ग्राहकों की संख्या दुगुनी हो गई, जिससे सभी को फायदा हुआ।

लगभग नौ महीने बाद भी मित्तल की कंपनी पर कोई आपदा नहीं आई। टाटा, रिलायंस जैसी बड़ी कंपनियों के आकर्षक विज्ञापनों के बावजूद छोटे-छोटे गाँवों से भी एयरटेल को नए ग्राहक मिलते रहे।

अंत भला तो सब भला। एयरटेल और सुनील ने चैन की साँस ली, ऐसे जैसे ओलंपिक में गोल्ड मेडल जीत लिया हो।

इससे भारती पहले से ज्यादा शक्तिशाली कंपनी बन गई। मित्तल आश्चर्यहीन थे। वे समझ गए कि समस्याओं से जूझकर ही

हम बुलंदियों को छू सकते हैं। एयरटेल की यह विजय-गाथा आज कई महाविद्यालयों में अध्ययन का विषय है।

सुनील मित्तल के अनुसार, यह चुनौती भरा सवाल था। लेकिन अपनी विजय को मनाने का उनके पास समय नहीं था। वे 'एयरटेल' के अगले पड़ाव की ओर बढ़ गए।

❑

15

दुनिया को ऐसे झुकाना है

आज भारत में दूरसंचार के क्षेत्र में एयरटेल का पहला स्थान है। दुनिया भर में सर्वश्रेष्ठ 20 कंपनियों में एयरटेल एक है। यही एयरटेल पाँच साल पहले भारी नुकसान का शिकार थी, यह भी एक कड़वा सच है। सन् 2002 में भारती कंपनी शेयर बाजार में कूदी। आज यह एक प्रतिष्ठित कंपनी के रूप में सूचीबद्ध है। सन् 1995 में मोबाइल सेवा आरंभ करने के बाद एयरटेल सात-आठ साल भारी नुकसान का शिकार हुई। सन् 2003 तक उसे एक पैसा भी लाभ नहीं मिला। उसके बाद सबकुछ पलट गया। अगले पाँच सालों में प्रत्येक साल कई गुना लाभ कमाकर वह उन्नति के शिखर पर पहुँच गई।

आखिर शुरुआत के 7-8 साल एयरटेल को भारी नुकसान क्यों हुआ?

सच में एयरटेल की कोई गलती नहीं थी। इस क्षेत्र में नुकसान स्वाभाविक था। अगर कपड़ों की छोटी सी दुकान खोलनी हो तो उसे शहर में कहीं भी खोला जा सकता है, लेकिन मोबाइल

सेवा के लिए पूरे प्रांत में नेटवर्क लगाना पड़ता है, तभी ग्राहक तृप्त हो सकते हैं।

इसी वजह से शुरुआत में भारती को करोड़ों रुपए आधारभूत

ढाँचा खड़ा करने में झोंकने पड़े। तब लाभ-हानि का हिसाब नहीं देखा जा सकता था। अगर नेटवर्क ठीक नहीं होगा तो ग्राहक चले जाएँगे। यह बात सुनील अच्छी तरह जानते थे।

संक्षेप में कहें तो मोबाइल कंपनी की स्थापना और देखरेख, हाथियों के झुंड की देखरेख के समान है। भारी खर्च और भारी मेहनत। इतना कष्ट देनेवाली मोबाइल कंपनी एक-न-एक दिन जरूर लाभ देगी। तब तक पूँजी लगती ही रहती है। अन्य कोई उपाय न था।

सुनील दूरदृष्टि से सोचते थे। इसीलिए उन्होंने अपने नेटवर्क की लागत में कंजूसी नहीं की। नुकसान होने पर भी ज्यादा पूँजी निवेश करते रहे।

उनकी सहनशक्ति और आचार-व्यवहार सन् 2003 के बाद फल देने लगा। इसके कुछ और भी कारण थे, जैसे—मोबाइल कॉल दरों और हैंडसेट के दाम कम होना इत्यादि।

पंद्रह साल पहले 'इनकमिंग कॉल' के लिए भी पैसे देने पड़ते थे। लेकिन अब नहीं। यही नहीं, लैंडलाइन से ज्यादा मोबाइल फोनों की संख्या बढ़ी। आम निम्न वर्ग, कुली, ऑटो ड्राइवर, सफाईकर्मी तक आज मोबाइल के बिना नहीं जी सकते।

इस परिवर्तन का मुख्य कारण सुनील मित्तल ही हैं। अगर वे मध्यवर्ग तक मोबाइल सेवाएँ नहीं लाते तो मोबाइल कंपनियों के बीच प्रतियोगिता नहीं होती। मोबाइल शुल्क इतना घटता नहीं। मोबाइल क्षेत्र में इतनी उन्नति के लिए एयरटेल ने जो मेहनत की, वह सराहनीय है। अगले कुछ ही सालों में लाभ-पर-लाभ, वैश्विक विकास, उन्नति की ओर आगे बढ़ते कदम।

सुनील का कहना है, ''कई बार हम सोचते कि हमने इतनी

कड़ी मेहनत की, हमें यकीन ही नहीं होता। कदम-कदम पर भगवान् की हम पर करुणा थी। अगर वह नहीं होती तो हम सफल भी नहीं होते।'' एयरटेल आज तेजी से प्रगति की ओर बढ़ रही है। पहले जिन कामों में सालों लगते थे, आज एक ही महीने में पूरे हो जाते हैं। कारण, ग्राहकों की बढ़ती संख्या। आज दिन दुगुनी रात चौगुनी एयरटेल की वृद्धि हो रही है। नए-नए बाजार खुल रहे हैं।

परिवर्तन के साथ सुनील अगली कड़ी के बारे में सोचने लगे। खूब सोचने के बाद सुनील ने एक ऐसा निर्णय लिया, जिसने सभी को आश्चर्य के सागर में डुबो दिया। सुनील ने एयरटेल सेवा की देखरेख और पूरी सुविधाओं की जिम्मेदारी एरिक्सन, सीमंस, नोकिया आदि कंपनियों को सौंपने का निर्णय ले लिया। उसका यह निर्णय सुनकर सभी विचलित हो गए।

''सुनील यह क्या किया? क्यों यह बेतुका निर्णय लिया?''

किसी मोबाइल कंपनी का नेटवर्क उसकी रक्त-वाहिकाओं जैसा होता है। कहीं रुकावट आने पर पूरा नुकसान कंपनी को होता। ऐसा महत्त्वपूर्ण कार्य किसी और के हवाले किया जा सकता है?

लेकिन सुनील का तर्क था, ''मेरा नेटवर्क मेरे लिए महत्त्वपूर्ण है, लेकिन उस नेटवर्क के उपकरणों की सही देखभाल करने की योग्यता या प्रतिभा मेरे पास नहीं है। उसके लिए मैं सीमंस, एरिक्सन जैसी कंपनियों पर ही निर्भर रहता हूँ। एयरटेल नेटवर्क में कोई भी समस्या आती है तो भारती के अधिकारीगण इन बाहरी कंपनियों को ही बुलाते हैं, उनसे विचार-विमर्श करके उनके विशेषज्ञों से मदद/सलाह लेते हैं। उसके बदले में पूरी जिम्मेदारी उनके ऊपर डाल दी जाए तो क्या गलत है?''

''इससे भारती को एक और लाभ होगा। उसे नेटवर्क संबंधी

उपकरण नहीं खरीदने पड़ेंगे, उनकी देखभाल की भी आवश्यकता नहीं होगी। खर्च भी आसमान को नहीं छुएगा। इसके लिए एयरटेल अपनी आमदनी के एक हिस्से को उन्हें शुल्क के रूप में देगी।''

उसके अलावा भारती कंपनी से संबंधित कार्य कंप्यूटर्स, पर्यवेक्षण आदि आई.बी.एम. कंपनी को सौंप दिए गए। महीने की शुरुआत में बिल की तैयारी से लेकर कंप्यूटर, की-बोर्ड, माऊस आदि सभी कंप्यूटर कार्य यह कंपनी देखने लगी। ऐसे सारे दायित्व सीमंस, एरिक्सन, नोकिया, आई.बी.एम. आदि में विभाजित कर दिए तो भारती परिवार के लोगों के लिए क्या काम बचा?

इसी जगह पर सुनील भारती मित्तल की राजनीति पूरी तरह से प्रकट होती है। हमें नेटवर्क उपकरणों की देखभाल नहीं आती, कंप्यूटर सॉफ्टवेयर लिखना नहीं आता। हमारी प्रतिभा यही है कि मोबाइल सेवा को ज्यादा-से-ज्यादा जनता के बीच ले जाएँ, श्रेष्ठतम मार्केटिंग करके बिक्री को बढ़ाएँ, हम इन्हीं पर ध्यान देंगे।

दुनिया की किसी कंपनी द्वारा ऐसे अपने कार्य किसी तीसरी कंपनी के हाथ में देने की बात सुनने को नहीं मिलती। यह नवीन कार्य प्रणाली सुनील ने अपनाई, जिससे भारती टीम निश्चिंत होकर व्यापार करने लगी।

इसके बाद नेटवर्क समस्याएँ, कंप्यूटर व माउस की समस्याएँ फुर्र हो गईं। अपना काम करके लाभ कमाना, उसमें से एक हिस्सा इन कंपनियों को देना और चैन से काम करना। बीते कुछ सालों में भारती ने ज्यादा लाभ कमाया तो उसका एकमात्र कारण यही कार्य प्रणाली थी।

संक्षेप में कहें तो सुनील को अपनी बिजनेस राजनीति का सुफल मिल गया। इसे देखकर कई राष्ट्रीय, अंतरराष्ट्रीय कंपनियाँ इसी पद्धति का अनुसरण करने लगीं।

आज भारत में 'एयरटेल' ही मोबाइल सम्राट् है। सोलह राज्यों में उनका नेटवर्क फैला है। मोबाइल के हर 5 ग्राहकों में से एक यानी 20 प्रतिशत लोग भारती की सेवाएँ प्राप्त कर रहे हैं।

लैंडलाइन इंस्ट्रूमेंटों में भी भारती के 'बीटेल' की लगभग 50 फीसदी हिस्सेदारी है।

शेयर मार्केट में भी भारती कंपनी इंफोसिस और टाटा कंसल्टेंसी जैसी कंपनियों को जोरदार टक्कर देने लगी। अपनी विकास-यात्रा में भारत की तीसरी बृहत् संस्था का स्थान भारती ने ले लिया।

सुनील का अगला लक्ष्य है अंतरराष्ट्रीय स्तर पर टॉप-5 मोबाइल कंपनियों में एक बनना। इसीलिए वे अंतरराष्ट्रीय रंगमंच पर छाने की पूरी तैयारी कर रहे हैं। सन् 2007 में भारती ने सेशेल्स, श्रीलंका आदि देशों में मोबाइल सेवा आरंभ की और अन्य देशों में भी बढ़त बनाने की तैयारी में हैं। लोग भी शीघ्र ही एक बड़ी खबर की प्रतीक्षा में हैं।

❑

16

डरना मना है

दिल्ली में सुनील मित्तल का कार्यालय कुतुबमीनार के पास स्थित है। शायद उसके प्रभाव से उन्होंने अपने कार्यालय खंडों को सल्तनत नाम दे रखा है। सल्तनत-एक जो उनका कक्ष है, उसमें खड़े होकर हर दिन वे कुतुबमीनार को बड़े उत्साह से देखते हैं। उन्हें यह पसंद भी है।

एक जमाने में जिस प्रकार दिल्ली के सुलतानों ने पूरे उत्तर भारत पर हमला किया था। वे भी अपनी कंपनी का वैसा ही विस्तार चाहते थे। वे यह भी चाहते थे कि भारती कंपनी को उसका प्रत्येक कर्मचारी अपनी कंपनी माने, ऐसी भावना प्रत्येक कर्मचारी के अंदर पैदा हो। तभी वे लोग बिना थके काम कर सकते थे। इसलिए वे अपने कर्मचारियों से मिलते रहते थे। उनकी समस्याएँ हल करते थे, जिससे उनके कर्मचारी संतुष्ट रहते थे। उस आनंद को वे अपने ग्राहक सेवा-केंद्र में दिखाते हैं।

साक्षात्कार देते वक्त या सार्वजनिक सभाओं में मित्तल कभी अहंभाव नहीं दिखाते। हमेशा अपनी कंपनी के कर्मचारियों की

मेहनत की प्रशंसा करते हैं। अगर वे नहीं तो उनकी कंपनी नहीं। यही उनकी विशेषता है। मित्तल अपने कर्मचारियों की तरह एयरटेल के ग्राहकों से भी मिलकर बात करना चाहते हैं।

इसके लिए मित्तल ए.सी. कमरों से निकलकर छोटे कस्बे, गाँव से लेकर, महानगरों तक अकसर सफर करते हैं। ग्राहकों से सीधे मिलकर उनकी समस्याएँ सुनते हैं। अकसर कहते हैं कि इस व्यवसाय में लाभ मुख्य बात नहीं है। ग्राहकों की संतुष्टि और सकारात्मक प्रभाव के निर्माण का एक मौका चाहिए बस। कंपनी की ओर से ग्राहकों को यह सब प्राप्त हो तो लाभ अपने आप मिल जाएगा।

किसी भी नई प्रणाली को लागू करने पर पहले सुनील स्वयं उससे संतुष्ट होते हैं, उसके बाद उसे अपने कर्मचारियों को सौंपते हैं। नदी में एड़ी रखकर गहराई देखने के बाद तैरना उन्हें पसंद नहीं है।

इसका एक उदाहरण है। भारती फुटकर व्यापार क्षेत्र में कूदना चाहती थी। दुनिया भर की कई कंपनियों से बातचीत हुई। प्रत्येक कंपनी ने अपनी प्रणालियाँ सामने रखीं। इनमें टेस्को ने कहा कि पहले भारत के कुछ भागों में दुकानें शुरू करेंगे, सफलता मिलने पर दूसरे इलाकों में प्रसार करेंगे।

सुनील को यह भीरु पद्धति बिलकुल पसंद नहीं आई। कूदेंगे तो पूरे भारत में एक साथ। उन्होंने अपनी शर्त स्वीकारने वाली अमेरिकी कंपनी वॉलमार्ट को अपने भागीदार के रूप में चुना। सुनील ने संचार के अलावा अन्य कई कार्यों में हाथ आजमाए। उन्होंने 'फील्ड फ्रेश' कंपनी के साथ मिलकर फल-सब्जियों का विदेशों में निर्यात किया। लेकिन इसमें उन्हें आशातीत सफलता नहीं मिली।

पिछले दिनों जब दिल्ली हवाई अड्डे के नवीनीकरण के लिए आवेदन आमंत्रित हुए तो उन्होंने भी आवेदन किया, लेकिन उनकी सहयोगी कंपनी ने हाथ वापस खींच लिए और यह काम उनके हाथ से निकल गया।

वोडाफोन कंपनी की कुछ पूँजी पहले एयरटेल में लगी थी। बाद में उसने 'हच' को खरीद लिया और एयरटेल से स्वतंत्र हो गई। इस प्रकार उतार-चढ़ाव और प्रतियोगिताओं से सुनील का घनिष्ठ संबंध रहा। लेकिन चुनौतियों का उन्होंने डटकर मुकाबला किया और वह सब पा लिया, जिसका सपना उन्होंने देखा था।

'भारती' के प्रबंध निदेशक अखिल गुप्ता कहते हैं कि उन्हें अपने काम की पूरी आजादी है। सुनील उन्हें सुझाव देते हैं, लेकिन उन्हें थोपते नहीं हैं। इस प्रकार ऐसा अहसास होता है मानो वे अपनी ही कंपनी चला रहे हैं।

विगत 35 सालों से मित्तल अनवरत, अथक मेहनत कर रहे हैं, उनकी यात्रा जारी है।

❑

17

भगवान् क्या सोच रहे हैं?

हमारे देश में सुपरस्टार कंपनियाँ व उद्योगपति ज्यादा हैं। इसलिए रिलायंस का नाम लेते ही कंपनी से पहले पिता या बेटे अंबानी याद आते हैं। इसी प्रकार अपनी कंपनियों से प्रसिद्धि प्राप्त उद्योगपति भारत में अधिक हैं।

भारती कंपनी को शुरू से लेकर आज तक मित्तल सहोदर चलाते रहे, खासकर सुनील मित्तल। लेकिन लंबे समय तक पद पर बैठना अच्छा नहीं, यह सोचकर कई साल पूर्व ही उन्होंने घोषणा कर दी कि वे कुछ साल बाद कंपनी से सेवा-निवृत्त हो जाएँगे।

सभी अचंभित थे। पचास साल में ही रिटायर क्यों? लेकिन सुनील मित्तल अपने निर्णय पर अडिग रहे। बड़ी कंपनियों के मालिक व्यापार में किसी पर भरोसा नहीं करते। लेकिन 'भारती' की देखरेख प्रबंधक निदेशकों द्वारा ही हो रही है। उनके अनुसार भारती कंपनी पूर्ण निजी प्रबंधकों द्वारा चलाई जाएगी। उसके लिए सुपर स्टार मालिक की आवश्यकता नहीं है। फिर मित्तल क्या करेंगे? भारती की जिम्मेदारियों को कम करके क्या किसी अन्य

क्षेत्र में हाथ आजमाएँगे?

एक जमाने में दिल्ली में मोबाइल सेवा देना बड़ा काम था, लेकिन आज देश के गाँव-गाँव तक यह सेवा पहुँच रही है। इसी प्रकार भारती कहने मात्र से एयरटेल की याद आती है। कुछ सालों बाद एयरटेल भारती समूह की अनेक कंपनियों में से बस एक हो जाएगी।

इसके लिए विशेष रूप से खोज करते उस सुनील ने फ्रेंच कंपनी 'ऑक्स' से जुड़कर भारती-ऑक्स नामक बीमा कंपनी बनाई। इसके पहले भारत से फल, तरकारियों को विदेश में निर्यात करने का काम शुरू किया। इसके लिए उनकी कंपनी 'फील्ड फ्रेश' ने पंजाब में लगभग 300 एकड़ भूमि को चुनकर पंजाब विश्वविद्यालय के सहयोग से कई प्रकार के शोध कार्य नए ढंग से चालू किए हैं। वे देश भर में इन विकास कार्यों का विकास करना चाहते हैं। वे चाहते हैं कि इससे देश में दूसरी हरित क्रांति की नींव पड़े।

खेती-बाड़ी के बाद सुनील की उत्सुकता फुटकर व्यापार में है। आजकल सुपर मार्केट गाँव-गाँव तक फैल गए हैं। इससे देश भर में व्यापार दिन दुगुना रात चौगुना बढ़ेगा। इसी उम्मीद से उन्होंने अमेरिका की बड़ी रीटेल कंपनी 'वॉलमार्ट' से व्यापारिक संबंध जोड़ा।

लेकिन मोबाइल तथा कृषि एवं फुटकर व्यापार, इन तीनों का आपस में कोई संबंध नहीं। उन्हें इन क्षेत्रों में थोड़ा-बहुत अनुभव भी नहीं है। फिर कैसे उतरे इन क्षेत्रों में? सुनील हँसते हुए जवाब देते हैं, "सेलफोन के साथ मैं पैदा नहीं हुआ। उसमें विजय पा ली। वही भरोसा है। भारती कंपनी एयरटेल से शुरू नहीं हुई, उसी के साथ समाप्त होने की गारंटी भी नहीं है।"

भारती समाज-सेवा से भी जुड़ी है। इसके लिए भारती फाउंडेशन बनी है। उसके अधीन कई सामाजिक कार्य संचालित होते हैं। भारती व्यावसायिक कलाओं से संबंधित उच्च विद्यालयों को ज्यादा प्रमुखता देती है। वह देश-विदेश की शैक्षिक प्रणालियों को देखकर भारत में विकासोन्मुख स्तरीय शैक्षिक प्रणालियों पर अमल करती है।

भारती फाउंडेशन ने दो प्रकार की प्रणालियों को चुना है—सरकारी विद्यालयों में स्तरीय शिक्षा का विकास करना। सत्य भारती के नाम से देश में नए स्कूलों की स्थापना, उनके पाठ्यक्रमों की स्तरीयता बनाए रखना। इसके अलावा 'भारती कंप्यूटर सेंटर' स्थापित करके गरीब जनता को स्तरीय कंप्यूटर शिक्षा देना। भारती ग्रंथालय की स्थापना करके लोगों की पढ़ने में रुचि पैदा करना आदि।

सुनील मित्तल क्रिकेट की तरह फुटबॉल को भी भारत में लोकप्रिय बनाने के पक्षधर हैं और इसके लिए सुविधाएँ जुटाने

में पीछे नहीं हैं। उन्होंने फुटबॉल क्रांति के लिए सौ करोड़ रुपए भारतीय फुटबॉल फेडरेशन को दिए। फेडरेशन उनकी मदद से खिलाड़ियों को अंतरराष्ट्रीय स्तर पर शिक्षण देने में लगा है।

शून्य से शिखर पर पहुँचे सुनील की शिखर और ऊँचे शिखर को छूने की यात्रा जारी है। उन्होंने रुकना, थकना और आराम करना नहीं सीखा। चलना, बढ़ना और चढ़ जाना उनके जीवन के लक्ष्य हैं। वे हमें अभी और अचंभित करेंगे, तैयार रहिए।

❑

18

सार-संक्षेप

इस खबर में सनसनी नहीं है, न किसी की पोल खोली गई है, मगर यह एक ऐसे आदमी की कहानी है, जिसने पंजाब के लुधियाना शहर से बीस हजार रुपए उधार लेकर व्यापार शुरू किया था और आज दुनिया की पाँच सबसे बड़ी टेलीकॉम कंपनियों में से एक का मालिक है। बात एयरटेल के मालिक सुनील भारती मित्तल की हो रही है, जो एक जमाने में पारिवारिक व्यवसाय के तहत ट्रकों में कपड़ा लादकर और उसी कपड़े के ऊपर बैठ व लेटकर यात्राएँ किया करते थे।

सुनील मित्तल पंजाब विश्वविद्यालय से निकले ही थे और एक दोस्त के साथ मिलकर लुधियाना में साइकिलों के स्पेयर पाट्‌र्स बेचने का काम शुरू कर दिया। जल्दी ही वे जापान से पोर्टेबल जनरेटर मँगाकर बेचने लगे और तभी उन्होंने पाया कि फोन में नंबर लगाने के लिए उँगली से बार-बार घुमाना कितना कष्टकारक होता है और री-डायल की सुविधा नहीं होती है, इसलिए उँगलियाँ दुख जाती हैं। वे सिंगापुर गए और वहाँ पुश बटन फोन देखे। भारत का पहला पुश

बटन फोन भारती एयरटेल के नाम से बेचना शुरू कर दिया और वह हिट हो गया। इसके बाद भारत का पहला फैक्स मित्तल ने बनाया और पहला कॉर्डलेस फोन भी वही लेकर आए।

आज भारती एयरटेल इतनी बड़ी कंपनी है कि अफ्रीका की जेन टेलीकॉम कंपनी को 48 हजार करोड़ रुपए में खरीद सकती है। मित्तल कहते हैं कि अफ्रीका का टेलीकॉम बाजार बहुत तेजी से विकसित हो रहा है और वहाँ व्यापार की पूरी संभावना है। सुनील भारती मित्तल की तरक्की का एक बड़ा राज यह है कि उन्होंने तालमेल करने और व्यापार की साझेदारी करने में कभी परहेज नहीं किया। पुश बटन के लिए उन्होंने जर्मनी की सीमंस कंपनी से तकनीकी तालमेल किया था और 1990 में भारत में फैक्स मशीन बनाकर संचार-जगत् में कमाल कर दिया था।

जब भारत सरकार ने 1992 में मोबाइल सेवाओं के लिए लाइसेंस देने शुरू किए तो सुनील भारती मित्तल ने फ्रांस की बीवेंडी कंपनी के साथ मिलकर सिर्फ दिल्ली सर्किल के लाइसेंस लिये थे। 1995 में उन्होंने भारती सेल्युलर लिमिटेड को एयरटेल

नाम दिया। 20 लाख ग्राहकों का आँकड़ा पार करनेवाली भी यह पहली कंपनी थी।

इसके अलावा इंडिया वन के नाम से पहली बार प्राइवेट नेशनल और इंटरनेशनल कॉल की सेवा देने वाली कंपनी शुरू की। इंटरनेशनल सेवाएँ देने वाले दूसरे बड़े खिलाड़ी समुद्र में बिछी अपनी लाइनों का उपयोग नहीं करने दे रहे थे तो सुनील मित्तल ने सिंगापुर टेलीकॉम के साथ पैंसठ करोड़ डॉलर का समझौता किया और चेन्नई से सिंगापुर तक अपनी ही लाइन बिछवा दी।

सुनील भारती मित्तल के पिता कांग्रेस के सांसद थे और बीच में उन्हें भी राजनीति में कई बार बुलाया गया, मगर मित्तल कहते हैं कि मेरी जिंदगी मेरे काम के आस-पास ही सिमटी हुई है और मेरे पास राजनीति के लिए वक्त नहीं है। प्रसंगवश एयरटेल अकेली ऐसी कंपनी है, जिसमें हर कर्मचारी को शेयर्स मिले हुए हैं। मतलब यह कि न कोई मालिक है, न कोई नौकर। टाटा उद्योग समूह को

अपना आदर्श माननेवाले सुनील मित्तल योग साधना भी करते हैं और अपनी मर्सडीज गाड़ी चलाते हुए मंत्र पढ़ते रहते हैं। इतना कारोबार बढ़ा लेने के बाद भी सुनील भारती मित्तल अपनी सफलता पर बैठकर घमंड करने वालों में से नहीं हैं। जब भी कोई नया व्यापारिक अवसर मिलता है, सुनील भारती मित्तल कूद पड़ते हैं और वह भी इतने कमाल से कि लोगों को अचरज होता है कि बंदा करने क्या जा रहा है?

सन् 2004 में उन्होंने 4 हजार करोड़ डॉलर का सौदा स्वीडन की एरिक्सन, जर्मनी की सीमंस और फिनलैंड की नोकिया के साथ किया और उन्हें अपना पूरा फोन नेटवर्क सौंप दिया। यह तो बाद में पता चला कि उन्हें अब उपकरण खरीदने की चिंता नहीं करनी थी। उधर विदेशी कंपनियों को भी तगड़ा मुनाफा हुआ। सन् 2004 में ही मित्तल ने सात हजार पाँच सौ करोड़ डॉलर का एक सौदा आई.बी.एम. के साथ किया जिसमें सूचना तकनीक सेवाएँ और भारती इंटरनेट का संचालन शामिल था। यह मुनाफे की साझेदारी का सौदा था और सुनील भारती मित्तल ने अपने पास सिर्फ मार्केटिंग के अधिकार रखे थे।

सुनील भारती मित्तल की जिंदगी में 23 का अंक काफी महत्त्व रखता है। 23 तारीख को वे पैदा हुए थे और 23 तारीख को ही उनकी शादी हुई थी। सुनील भारती मित्तल ने अपनी कारोबारी सफलता के साथ कॉरपोरेट जिम्मेदारी भी निभाई है। एक फाउंडेशन बनाकर 236 गाँवों में 29 हजार छात्रों की पढ़ाई का जिम्मा लिया और आई.आई.टी. दिल्ली को भारती स्कूल ऑफ टेक्नोलॉजी एंड मैनेजमेंट बनाने के लिए 20 करोड़ रुपए दिए तथा भारत की फुटबॉल टीम को अभी से 2018 के ओलंपिक के लिए प्रायोजित कर दिया। अब तो सुनील भारती मित्तल फाइनेंस के क्षेत्र में भी हैं,

व्यापार के क्षेत्र में भी, खाने का सामान बेचने में भी और टेलीविजन प्रसारण के लिए डिश टी.वी. के कारोबार में भी। बीस हजार रुपए से शुरू हुआ यह सफर अभी पता नहीं कहाँ तक पहुँचेगा, अभी सुनील भारती मित्तल सिर्फ 52 साल के हैं और पहली पीढ़ी के उद्योगपतियों में भारत में सबसे ज्यादा कामयाब भी हैं।

सुनील मित्तल के पाँच मंत्र

एयरटेल दुनिया की पाँचवीं सबसे बड़ी टेलीफोन ऑपरेटर कंपनी है, जिसका व्यापारिक साम्राज्य 19 देशों में फैला है। उनकी कंपनी जी.एस.एम. मोबाइल सेवा प्रदान करती है और करीब 20 करोड़ ग्राहक उसकी सेवाएँ लेते हैं। सुनील ने उद्योग जगत् में अपना स्थान कड़ी मेहनत, सच्ची लगन और दूरदृष्टि की बदौलत बनाया। आइए, जानते हैं कि क्या हैं उनकी सफलता के सूत्र।

1. क्रियाशीलता असली चीज, बाकी सब सिद्धांत हैं

मैं किसी बिजनेस स्कूल में नहीं गया, बल्कि सड़कों पर सबक सीखे और प्रत्येक अवसर पर उन चीजों को इकट्ठा करने, आत्मसात् करने और अपनाने की कोशिश की, जो एक व्यवसाय को स्थापित करने के लिए जरूरी होते हैं।

2. बड़े सपने देखो

हर चीज की शुरुआत एक छोटे से कदम से होती है, लेकिन लंबी छलाँग लगाने के लिए आपको बड़े सपने देखने होंगे। मैंने पंजाब विश्वविद्यालय से ग्रेजुएशन किया। ग्रेजुएशन के बाद 1970 के दशक में मैंने 20,000 रुपए का कर्ज लिया और अपने दोस्तों

के साथ मिलकर एक छोटा सा साइकिल व्यवसाय शुरू किया। 1979 आते-आते मुझे यह महसूस हुआ कि यह व्यवसाय ज्यादा बड़ा नहीं हो सकता। मैं लुधियाना से बाहर निकला और दूसरी चीजें करने की कोशिश की, ताकि लोग मुझे पहचान सकें।

3. खुद पर भरोसा रखें

सन् 1982 में जापान से आयातित पोर्टेबल जेनरेटरों की बिक्री का मेरा भरा-पूरा व्यवसाय था। इससे मुझे मार्केटिंग और एडवरटाइजिंग जैसी गतिविधियों में शामिल होने का अवसर मिला। चीजें बिलकुल सही तरीके से चल रही थीं, लेकिन सरकार ने जनरेटर के आयात पर रोक लगा दी, क्योंकि दो भारतीय कंपनियों को देश में ही जनरेटर बनाने का लाइसेंस दे दिया गया था। तब मैंने तय किया कि आगे जब भी इस तरह का अवसर आएगा, मैं उसे लपकने के लिए तैयार रहूँगा। टर्निंग प्वॉइंट सन् 1992 में आया, जब सरकार पहली बार मोबाइल फोन सेवा के लिए लाइसेंस बाँट रही थी। उस अवसर को मैंने लपक लिया।

4. सराहना क्षणिक होती है

ज्यादा हासिल करने के लिए आपको बढ़ते रहना होता है, ज्यादा जोखिम उठाना पड़ता है और मानसिक रूप से ज्यादा सतर्क रहना पड़ता है। 'फोर्ब्स' की सूची में आने या 'आई.टी. मैन ऑफ द ईयर' का पुरस्कार मिलने पर मुझे बहुत अच्छा लगा। यह एक क्षणिक उत्कर्ष था। मेरे सामने अभी कड़ी प्रतिस्पर्धा है और मुझे कड़ा परिश्रम करना है।

5. हर चीज का मूल्य चुकाना पड़ता है, मुसकान का भी

सड़कों पर ट्रैफिक सिगनल्स पर गुलाब के फूल बेचनेवाला एक आठ या नौ साल का लड़का किसी को भी खुद के निरर्थक होने का अहसास करा सकता है। मैं कैसे अपनी कुरसी पर निश्ंचित होकर बैठ सकता हूँ और बस अपना बिजनेस चलाते रह सकता हूँ, जबकि इस देश की अगली पीढ़ी अभी तक अपनी नींव नहीं तैयार कर पाई है। आप सुंदर भारत का सपना देख सकते हैं, लेकिन इसे सुंदर बनाने के लिए आपको अपने सपने से जागना पड़ेगा और कुछ नया करके दिखाना होगा। कुछ ऐसा, जिसकी अमूमन आप से उम्मीद नहीं की जाती। तभी आप औरों से अलग छवि बना सकते हैं और इसके लिए आपको त्याग करना ही होगा।

महत्त्वपूर्ण तथ्य

जन्म : 23 अक्तूबर, 1957

वर्तमान निवास : दिल्ली

शिक्षा : आरंभिक शिक्षा मसूरी और ग्वालियर में। पंजाब विश्वविद्यालय से वर्ष 1976 में कला स्नातक।

व्यवसाय : वर्ष 1976 में 18 वर्ष की आयु में पिता से 20,000 रुपए उधार लेकर व्यापार शुरू किया।

मिल्कियत : 7.7 बिलियन डॉलर (2009)

परिवार : पत्नी नायना, एक बेटी इएशा 28 वर्ष, दो जुड़वाँ बेटे 24 वर्ष काविन एवं श्राविन।

पुरस्कार और सम्मान

अर्नेस्ट एंड यंग इंटरप्रेनर ऑफ द इयर, 2004

बेस्ट एशियन टेलीकॉम सीईओ, टेलीकॉम एशिया अवार्ड, 2005

बेस्ट सीईओ, भारत, इंस्टीट्यूशनल इन्वेस्टर, 2005

बिजनेस लीडर ऑफ द इयर, इकोनॉमिक टाइम्स, 2005

एशिया बिजनेसमैन ऑफ द इयर अवार्ड, फॉर्च्यून पत्रिका, 2006

टेलीकॉम पर्सन ऑफ द इयर अवार्ड, वायस एंड डाटा, 2006

पद्म भूषण, 2007

एनडीटीवी बिजनेस लीडर पुरस्कार, 2008

जीएसएमए पुरस्कार, 2008

इनसीड बिजनेस लीडर अवार्ड, 2011

❑

19

एक मुलाकात

बचपन कैसा था आपका सुनील?

एक छोटे शहर में जैसा बचपन गुजरता है, वैसा ही बचपन गुजरा मेरा। मैं लुधियाना का रहने वाला हूँ। बचपन की बहुत खूबसूरत यादें हैं। पढ़ाई में मेरा दिल नहीं लगता था। अधिकतर समय खेलने-कूदने में बीता।

हम लोग फालतू ही अपने बच्चों को पढ़ाते हैं?

हम भी कोशिश करते हैं कि हमारे बच्चे पढ़-लिख लें। पढ़ाई आपके लिए एक बेस तैयार करती है और कभी-न-कभी जिंदगी में काम भी आती है। लेकिन मैं नहीं मानता कि पढ़ाई ही आपको बड़ा आदमी बनाती है। मेरी रुचि पढ़ाई में नहीं थी। स्कूल में खेलता रहता था। कॉलेज पहुँचा तब तो और भी कोई पूछने वाला नहीं रहा। शूटिंग, फ्लाइंग और ग्लाइडिंग की। घर में सब लोग परेशान रहते थे कि पता नहीं कि यह बच्चा क्या करेगा।

तो क्या जब घर वाले परेशान होते थे तो सुनील मित्तल की पिटाई करते थे?

हाँ, पिटाई ही होती थी।

भगवान् करे सभी अपने बच्चों को पिटाई लगाएँ, जिससे सब सुनील भारती मित्तल बनें। आजकल तो बच्चों को मार पड़ती ही नहीं। ये आउट ऑफ फैशन हो गया है। पास-पड़ोस के लोग आपको शरारती और शैतान कहते थे या सिर्फ खेलने-कूदने वाला बच्चा मानते थे?

शरारती मानते थे। लेकिन मेरा संबंध सबसे बहुत अच्छा था। मैं सबसे घुल-मिलकर रहता था।

आपने अपने एक भाषण में कहा कि हमें अपनी शिक्षा-व्यवस्था में डॉक्टर और इंजीनियर बनाने के साथ प्लंबर और इलेक्ट्रीशियन बनाने पर भी ध्यान देना चाहिए तथा इसमें भी बराबर का सम्मान महसूस करना चाहिए।

हाँ, मेरा मानना है कि अपने देश में वोकेशनल शिक्षा को

अधिक सम्मान नहीं दिया जाता। हम हिंदुस्तानी ही जब विदेश जाते हैं तो इलेक्ट्रीशियन और प्लंबर जैसा रोजगार करने वालों का सम्मान करते हैं। हमारा उनके प्रति नजरिया दूसरा रहता है। लेकिन अपने देश में ऐसा धंधा करने वालों का हमं सम्मान नहीं करते। आने वाले समय में दुनिया में ऐसे हुनरमंद लोगों की भारी कमी होने वाली है। अपने देश में करीब 25-30 करोड़ युवा ऐसे हैं, जो बावरची, नर्स, प्लंबर और इलेक्ट्रीशियन बनकर दूसरे देश में जाकर अच्छा पैसा कमा सकते हैं। लेकिन सबसे पहले ऐसी वोकेशनल शिक्षा की व्यापक व्यवस्था करने और समाज को अपने नजरिए में बदलाव लाने की जरूरत है।

कोई बहुत खुशनुमा या दुख भरी याद, जो आज भी जहन में मौजूद है?

जब हमारी परीक्षाएँ होती थीं तो मैं बहुत परेशान हो जाता था। मैंने 18 साल की उम्र में 1976 में कॉलेज छोड़ा। लेकिन उसके अगले 10 साल बाद तक अप्रैल में मैं परेशान होने लगता था। मेरे अंदर अप्रैल में होनी वाली परीक्षाओं का खौफ इस हद तक मौजूद था।

अपने माता-पिता से आपने एक बड़ी बात क्या सीखी?

बहुत कुछ सीखा। जब आप बड़े हो रहे होते हैं तो माँ-बाप से बहुत कुछ सीखते हैं। अपने पिताजी से तो मैंने काफी कुछ सीखा। वो राजनीति में थे। मैंने उनको कंबाइन करते देखा। उनको आम लोगों से मिलते, झुग्गियों में जाते देखा तो संयुक्त राष्ट्र में भाषण देते भी देखा। वे दो धुरी की चीजों को बहुत आराम से निपटा देते थे। आज आप मुझे चाहे सड़क पर बैठा दीजिए या

विश्व आर्थिक मंच की बैठक में, मुझे कोई असर नहीं पड़ेगा। बहुत कम भारतीय होंगे जो विश्व आर्थिक मंच की बैठक में उपाध्यक्ष बने हों। मैंने लोगों को देखा है, या तो वो पलड़े के इस तरफ हैं या उस तरफ। दो धुरियों में संतुलन बहुत कम लोग बैठा पाते हैं। अपने पिताजी की वजह से मैं ऐसा कर सका।

अच्छा, यह जो आपका जमीनी आदमी होना है, ये कोई दिखावा है या सच्चाई?

देखिए, चाहे धीरू भाई अंबानी रहे होंगे या टाटा या बिड़ला कंपनी के संस्थापक, सभी आपको जमीन से जुड़े हुए ही मिलेंगे, क्योंकि ये नीचे से उठे हैं। मैंने 30-35 घंटे की रेलवे यात्रा बैठकर की है। ट्रकों में गोद से माल उठाकर उसे बाजार में लाकर बेचा है। इसलिए हमें इसे छोड़ने में मुश्किल होगी, बनाए रखने में कोई मुश्किल नहीं होगी।

क्या आपने बचपन में ही तय कर लिया था कि आपको बिजनेसमैन ही बनना है?

हाँ, यह तो तय कर लिया था। जब पढ़ाई में मन लगता नहीं था तो दो ही विकल्प बचते थे। एक राजनीति में जाने का और दूसरा व्यापार करने का। लुधियाना शहर में व्यापार करने का अच्छा माहौल था। मैंने भी 18 साल की उम्र में व्यापार करना शुरू किया। सबसे पहले ब्रजमोहन मुंजाल साहब की हीरो साइकिल कंपनी के लिए साइकिल के पार्ट्स बनाने शुरू किए।

क्या कोई बड़ी सी फैक्टरी लगाई या छोटे से शेड में काम शुरू किया?

हाँ, छोटे से शेड में काम करना शुरू किया था। कोई बहुत बड़ा काम नहीं था। स्टील की रॉडों को गरम करके साइकिल के पार्ट्स बनाए जाते थे।

साइकिल का ये धंधा करते हुए पहली कार कब खरीदी?

अपने पैसे से पहली गाड़ी मैंने 1979-80 में खरीदी थी। तब मैं 20-21 साल का था। यह एक फिएट कार थी। उस समय बहुत साधारण गाड़ियाँ मिलती थीं, इसलिए उसे काट-पीटकर थोड़ा फैशनबल बनाया गया था।

अच्छा, क्या किया था आपने कार के साथ?

अंदर से कुछ सीटों में बदलाव किया। स्टीरियो लगवाया।

चर्चा हुई थी इस गाड़ी की लुधियाना में?

हाँ, पसंद की गई थी।

कार को 20-21 साल की उम्र में खरीदना, फिर उसे फैशनेबल बनाना। ये सब क्यों किया था? लड़कियों को प्रभावित करने के लिए, दोस्तों पर रुआब झाड़ने के लिए या अपनी खुशी के लिए?

आप जिंदगी में तय करते हैं कि इस समय यह करना है। मैंने भी तय किया था। समाज में आप एक जगह बनाना चाहते हैं। इन सबमें लड़कियाँ भी शामिल ही होती थीं।

आप लड़कियों को प्रभावित करने के लिए क्या करते थे?

मेरे पास समय नहीं होता था। जब मेरे दोस्त घूमने-फिरने निकलते थे, उस समय मैं काम पर निकलता था। पहले दिन से ही

मन से काम पर लग गया था। बहुत अधिक समय काम में निकल जाता था। बहुत कम समय मिलता था।

लेकिन आप बहुत तेजी से कम समय में चीजों को अंजाम देते हैं।

हाँ, लेकिन जो समय बचता था, उसमें दोस्तों से मिलना और हँसी-मजाक हो जाता था। लड़कियों के पीछे जाएँ, इतना समय नहीं मिल पाता था।

आपकी अपनी पत्नी से पहली मुलाकात कब हुई? क्या यह पहली नजर का प्यार था?

मेरी बीवी स्कॉटलैंड से है। वो मेरे एक दोस्त की पत्नी की बहन हैं। एक बार वो लोग हिंदुस्तान के दौरे पर थे। तभी उनसे मुलाकात हुई। बस बात बन गई।

इतनी जल्दी?

एक दिन में तय कर लिया था। लगा कि यहाँ कैमेस्ट्री मिल जाएगी। 20-25 दिन में शादी हो गई। बहुत समय नहीं लगा था।

यह बताइए, आपने इतनी जल्दी कैसे तय कर लिया कि बस इन्हीं से शादी करनी है। घंटी बजने लगी या और कुछ हुआ?

घर वालों की तरफ से दबाव था। मेरी उम्र भी साढ़े पच्चीस साल की थी। तो जब इनसे मिला तो लगा कि हाँ शादी कर लेनी चाहिए। मुझे जैसी पत्नी चाहिए थी, ये वैसी ही थीं।

कैसी?

अगर मैं आगे काम करूँ तो मेरी पत्नी घर को सँभाल सके।

और ये एक अच्छे, संस्कारित परिवार से थीं। इनकी बहन से मैं मिला था। सबकुछ जानता था।

यह आपका पहला प्यार था या इससे पहले भी आप प्यार में बरबाद हो चुके थे?

नहीं, प्यार में इस कदर तो नहीं पड़े थे। लेकिन छोटा-मोटा टकराव तो हो ही गया था।

किसी लड़की या महिला में आपको सबसे अधिक क्या प्रभावित करता है?

मैं किसी के पूरे व्यक्तित्व से ही प्रभावित होता हूँ। किसी की आँख, कान, नाक देखकर तो कुछ कहा नहीं जा सकता। बहुत सी लड़कियाँ सुंदर होने के बावजूद प्रभावित नहीं करतीं और कुछ सामान्य सी दिखने वाली लड़कियाँ बहुत प्रभावित करती हैं।

एक सफल शादी का क्या राज है?

मेरा मानना है कि आपको संबंधों में पारदर्शिता बनाए रखनी चाहिए। चरित्र बढ़िया होना चाहिए। मैं अगर रात को देरी से आता हूँ तो घरवालों को पता होता है कि मैं कहाँ था। मेरा पूरा कार्यक्रम मेरे घर में पता होता है। मुझे लगता है कि अगर घर के लोगों को पता हो कि आप का रोज का क्या कार्यक्रम है तो एक विश्वास का रिश्ता बन जाता है। दूसरा, जब आपकी घर पर जरूरत हो तो आप उपलब्ध हो जाएँ। आपकी पत्नी समझे कि आप एक मिशन पर चल रहे हैं और जुड़ जाएँ तो चीजें आसान हो जाती हैं। मेरे साथ कुछ ऐसा हुआ, जब मैं बड़ा व्यवसायी नहीं बना था, तब शहर की बड़ी शख्सियत तो बन ही गया था। मेरे परिवार के लोग

देख सकते थे कि मैं क्या कर रहा हूँ। कौन लोग मुझसे मिल रहे हैं। मैं कोशिश करता हूँ कि रविवार को घर पर अपने परिवार के लोगों के साथ रहूँ। मैंने देखा है कि अगर मेरे बच्चों से मेरा मामला ठीक चल रहा है तो मेरी पत्नी खुश रहती है।

आपकी अपनी पत्नी से मोबाइल पर बात होती रहती है?

नहीं। जब काम पर होता हूँ तो बिलकुल नहीं। अगर मैं गाड़ी से निकल रहा होता हूँ या यात्रा कर रहा होता हूँ तो मैं उनसे बात कर लेता हूँ। वैसे उनको पता होता है कि मैं कब क्या कर रहा होता हूँ।

आपने अपनी जिंदगी में सफलता की नई ऊँचाइयाँ छुई हैं। आपके लिए सफलता की परिभाषा क्या है?

हर आदमी के लिए सफलता के पैमाने बदलते रहते हैं। आज जो सफलता है, वो कल आपके लिए एक सामान्य घटना होती है। पहले मेरे लिए सफलता के पैमाने कुछ और थे, आज कुछ और हैं। बीस हजार रुपए से मैंने बिजनेस शुरू किया था, आज मैं 20 अरब का लक्ष्य बना सकता हूँ। लेकिन इस सबके बीच मुझे लगता है कि सफलता वो है, जब आप शाम को अपना काम पूरा कर लें तो आपको लगे कि कुछ किया। एक गुदगुदी सी हो। मेरा मानना है कि सफलता आदमी के अंदर रहती है और आपको बताती है कि आप ठीक दिशा में जा रहे हैं।

क्या आपको सफलता आसानी से मिली? अगर आसानी से नहीं मिली तो उसका राज क्या था?

देखिए, सफलता आसानी से नहीं मिलती। क्योंकि आसान सफलता जैसी कोई चीज नहीं होती। लेकिन मेरा एक मूल मंत्र है सफलता के लिए। जो मैं स्कूल-कॉलेज के युवाओं को बताता हूँ। मैं उनसे कहता हूँ कि अगर मौका मिले तो जो आप जिंदगी में जो करना चाहते हैं, वही करिए। अगर ऐसा नहीं हो पाता तो कोई औसत जिंदगी तो जी सकता है, लेकिन बड़ी सफलता नहीं पा

सकता। बड़ी सफलता तो तभी मिलेगी जब डॉक्टर की चाह रखनेवाला डॉक्टर बने, इंजीनियर बनने की चाह रखनेवाला इंजीनियर बने और बिजनेसमैन बनने की चाहत रखने वाला आदमी बिजनेसमैन बने। मेरे लिए हर सोमवार की सुबह बहुत खूबसूरत होती है। मैं अपनी कुरसी पर बैठकर अपना काम शुरू करता हूँ। भारती टेलीकॉम में काम करने वाले हर आदमी के लिए यह बात सही है। हर आदमी अपने काम में खुशी महसूस करता है। मैं अपने बच्चों से भी यही कहता हूँ।

आप खुद को प्रेरणा दे लेते हैं, लेकिन अपने उन सैकड़ों कर्मचारियों को प्रेरित कैसे करते हैं? ऐसे भी कई कर्मचारी होंगे, जो अपनी मनपसंद की नौकरी नहीं कर रहे होंगे?

यह बहुत ही अच्छा सवाल है। मैं जब अपने हजारों कर्मचारियों से मिलता हूँ तो उनसे कहता हूँ कि अगर सोमवार को ऑफिस आते समय आप में उमंग नहीं है तो अपने आप से पूछिए कि कहाँ गलती हो रही है। कहीं आप गलत जगह तो नहीं हैं। अगर थोड़ा बदलाव लाना चाह रहे हैं, यहीं काम करना चाह रहे हैं तो शाम को जाकर कॉलर खींच दीजिए दो-चार। लेकिन उस धंधे में बिलकुल मत रहिए, जिसमें आपका मन नहीं लग रहा है।

ये कॉलर खींच लेने का मतलब क्या है?

अपने बॉस के कॉलर खींचिए। मतलब अपने बॉस से सवाल पूछिए। देखिए सफलता वहीं मिली है, जहाँ लोगों ने काम में अपनी जान लगा दी। अगर काम में मुश्किलें भी आएँगी तो आप उसे पार कर जाएँगे, क्योंकि आप पूरे दिल से उस काम को कर रहे हैं।

क्या रिस्क लेना भी कामयाबी हासिल करने का एक तरीका है?

बिलकुल है। मैंने तो एक बार नहीं, दर्जनों बार अपनी कंपनी दाँव पर लगाई है। अब पिछले दस सालों से ऐसी नौबत नहीं आ रही है। आज से पाँच साल पहले कंपनी के शेयर की कीमत 20

रुपए थी और कंपनी की कीमत उसमें लगाई पूँजी की भी आधी हो गई थी। लेकिन ऐसी स्थिति बन चुकी थी कि हालात सँभले हुए थे। अगर तीसरे नंबर पर न होते तो 300वें नंबर पर होते। लेकिन आज मैं कंपनी को दाँव पर नहीं लगा सकता, क्योंकि इसमें शेयर होल्डर्स का पैसा लगा हुआ है। अब रिस्क लेने की जगह रिस्क प्रबंधन की कोशिश होती है। छोटा व्यापारी धंधे में कई बार कंपनी को दाँव पर लगा देता हैं। मैंने भी लगाया है।

यह बताइए, पैसा कितना महत्त्वपूर्ण है जिंदगी बदलने के लिए। जब आपने फिएट खरीदी थी और आज में आपकी जिंदगी में कितना अंतर आया है?

जब आप छोटे होते हैं तो छोटी सफलताएँ और लड़ाइयाँ भी बड़ी लगती हैं। जब आप बड़े हो जाते हैं तो वो लड़ाइयाँ, सफलताएँ छोटी लगने लगती हैं और आप बड़ी लड़ाइयाँ लड़ते हैं। अगर आज आप छोटी गाड़ियाँ खरीद सकते हैं तो 15-20 साल बाद बड़ी गाड़ियाँ भी खरीद सकते हैं। अगर पैसा बनाने में आपकी रुचि है।

मैं पूछना चाह रहा था कि आपकी जिंदगी में क्या परिवर्तन आया? बहुत से ऐसे लोग मिलते हैं, जो सफलता मिलने के बाद कहते हैं कि वो पहले वाली जिंदगी ही अच्छी थी। वो कहते हैं कि पहले अधिक सुख-शांति थी। पैसे ने आपकी जिंदगी को कैसे बदला है?

पैसा आपको कुछ मूल सुख-सुविधाएँ देता है। पहले आप ट्रेन से मुंबई जाते थे। आज चार्टर्ड प्लेन से जा सकते हैं। पहले अपार्टमेंट में रहते थे, आज बड़े घर में रह सकते हैं। चीजों का महत्त्व सापेक्ष रूप से बढ़ जाता है। लेकिन पूरी तरह से महत्त्व

कभी नहीं बदलता। पैसा आपको बाँधता भी है। समाज में जिम्मेदारी बढ़ जाती है। पहले आप जो चीजें कर सकते थे, वो आज नहीं कर सकते। नजरिए की बात है। पैसे का महत्त्व है, लेकिन एक स्तर के बाद नहीं है।

कहते हैं कि पहला एक करोड़ रुपया बनाने में कहीं-न-कहीं कुछ गड़बड़ होती है। क्या यह बात सच है?

बिलकुल नहीं, उभरती अर्थव्यवस्था में ऐसे दाग लग जाते हैं कि ऊपर आने के लिए कुछ-न-कुछ गलत करना ही पड़ता है। अगर आप अमरीका और इंग्लैंड जैसे देशों में जाएँगे, जहाँ कार-गैराजों से धंधा शुरू कर लोग अरबपति हो गए, वहाँ सवाल नहीं उठेगा। लेकिन भारत, श्रीलंका और लैटिन अमरीकी देशों में अगर आप तेजी से बढ़ रहे हैं, तो कहा जाएगा कि आप कुछ-न-कुछ गलत करके ही आगे बढ़ रहे होंगे। वैसे कुछ लोग होते हैं, जो ऐसा करते हैं। लेकिन सभी ऐसा करके आगे नहीं बढ़ते। एक दूसरी बात भी कहूँगा। कुछ कुंठित लोग होते हैं, जो अपनी जिंदगी में खुद कुछ नहीं कर पाते। वे कहते हैं कि हम ऐसा नहीं कर सकते, इसलिए आगे नहीं बढ़ पाए।

आपको बिजनेस समुदाय में से कौन से लोग पसंद हैं?

हमारे यहाँ कहा जाता है कि जो टाटाज का वैल्यू सिस्टम है और रिलायंस की जो स्पीड है, अगर इन दोनों को मिला दें तो आदर्श कंपनी बनेगी। मेरा मानना है कि भारती में दोनों चीजें मौजूद हैं। इसमें वैल्यू सिस्टम और प्रोफेशनलिज्म बहुत अव्वल दरजे के हैं तथा स्पीड भी है।

कौन से रिलायंस की बात कर रहे हैं?

देखिए, दोनों ही स्पीड के मामले में बहुत तेज हैं।

सुनील भारती मित्तल में ये भारती क्या है?

भारती हमारे परिवार के लिए एक उपनाम बनाया गया था। दरअसल मेरे पिता ने उस जमाने में अपनी मरजी से जाति से बाहर प्रेम-विवाह किया था। उन्होंने ही तय किया कि उनके बच्चों के नाम के पीछे मित्तल नहीं भारती लगेगा। हमारे स्कूली सर्टिफिकेट, पहले के पासपोर्ट में भारती ही लिखा था। अगर पहले के दोस्त मिलेंगे तो वे भारती ही कहेंगे, मित्तल नहीं पुकारेंगे।

जिंदगी में सबसे अधिक पछतावा किस बात पर होता है?

कोई पछतावा नहीं है जिंदगी में। जब जिंदगी परीकथा की

तरह गुजरी हो तो पछतावा कैसा! छोटी-मोटी बातें तो होती ही रहती हैं।

सबसे अधिक खुशी के क्षण?

हिंदुस्तान की पहली मोबाइल कॉल करना शायद सबसे बड़ा क्षण था। मैं चाहता था कि हिंदुस्तान में कुछ अलग किया जाए।

अपने आपको फिट कैसे रखते हैं?

मैं हर रोज एक-सवा घंटे कसरत करता हूँ। मेरी कोशिश रहती है कि हफ्ते में चार-पाँच दिन कसरत करूँ। मैं लोदी गार्डन में टहलने जाता हूँ। अगर शहर के बाहर हूँ तो जो बाग-बगीचा मिलता है, उसमें जाता हूँ। यदि नहीं मिलता तो ट्रेडमिल पर लग जाता हूँ। योग भी करता हूँ।

पसंदीदा खेल?

कह सकते हैं कि टेनिस। वैसे अब तो समय मिलता नहीं। कोई ऐसा खेल नहीं रहा, जिसमें मैंने हाथ न आजमाया हो।

रोमांचक खेल खेलते हुए डर नहीं लगता?

कोई डर नहीं लगता। मैं रोमांचक खेलों में बहुत सहज रहता हूँ।

पसंदीदा फिल्म और फिल्म अभिनेत्री?

फिल्में मुझे वही पसंद आती हैं, जिनमें थोड़ी गंभीरता हो। कोई एक फिल्म बताना तो मुश्किल है। मुझे आमिर खान वाली 'रंग दे बसंती' और अंग्रेजी फिल्मों में 'द लास्ट समुराय' बहुत

पसंद आई। 'द लास्ट समुराय' मैंने दो बार देखी थी। किसी सामाजिक संदेश या इतिहास से जुड़ी फिल्में मुझे पसंद आती हैं।

अपनी पसंद के गाने बताइए।

मुझे जगजीत सिंह के गाने पसंद हैं। पुरानी फिल्मों के गाने पसंद हैं।

पुरानी फिल्मों के कौन से गाने पसंद हैं?

यह तो बताना मुश्किल है।

पुराने समय के कौन से गायक पसंद हैं?

एक समय में किशोर कुमार पसंद थे। उनके चुलबुले गाने मुझे पसंद आते थे। कभी-कभी मुकेश के गाने भी अच्छे लगते थे।

भारत एक बहुत रोमांचक मोड़ से गुजर रहा है। सभी भारत के बारे में तरह-तरह की संभावना व्यक्त कर रहे हैं। भारत के बारे में आप का क्या कहना है?

अपना भारत अगले 15-20 साल तक तरक्की करता रहेगा। इसके दो-तीन पहलू हैं। एक तो भारत में उपभोक्ताओं की संख्या बहुत है। दूसरा भारत में युवाओं की संख्या भी बहुत है। दुनिया भर के लोगों को हिंदुस्तान के लोगों की जरूरत पड़ेगी। आर्थिक क्षेत्र में भारत तरक्की करता रहेगा। अगर 8-9 फीसदी से भी तरक्की होती रही तो विशेषज्ञों की भविष्यवाणी के अनुसार 2040 में भारत दुनिया की तीसरा सबसे बड़ी अर्थव्यवस्था होगा। लेकिन कुछ काम करने की भी जरूरत है। कोशिश होनी चाहिए कि सभी को इस प्रगति में हिस्सेदारी मिले। मैं यू.पी. होकर आया। वहाँ बहुत गरीबी और गंदगी

है। अगर आप शहर से चालीस मील भी बाहर निकलें तो आपको पता चलेगा कि एक दूसरी दुनिया भी जी रही है। सरकार को ग्रामीण स्तर पर बुनियादी ढाँचा खड़ा करने की कोशिश करनी चाहिए। नहीं तो देश की अर्थव्यवस्था तो बढ़ जाएगी, लेकिन अपराध बढ़ेगा। लोगों की आशाएँ बढ़ेंगी और अगर वो पूरी नहीं हो पाईं तो दिक्कत होगी। दो संभावनाएँ अपने देश की अर्थव्यवस्था के बारे में व्यक्त की जा रही हैं। एक तो यह कि छोटे शहरों और ग्रामीण क्षेत्रों में भी लोगों को अपनी इच्छाएँ पूरी करने का मौका मिलेगा। दूसरी यह कि सारे संसाधन कुछ हाथों में ही रह जाएँगे, जिसकी वजह से गैर-बराबरी बढ़ेगी। फिर उससे दबाव बढ़ेगा।

आप राजनीति में आएँगे? जिस तरह से आप बात कर रहे हैं, उससे लगता है कि आप में सार्वजनिक जीवन जीने वाला एक आदमी भी छुपा हुआ है?

सार्वजनिक जीवन के व्यक्ति का रोल अदा करना मेरे लिए दिक्कत वाली बात नहीं है। मैं आज भी हजारों लोगों से मिलता हूँ। मुझे लगता है, मैं अपने लोगों को प्रेरित कर पाता हूँ, उनको एक दृष्टिकोण दे पाता हूँ। चार-पाँच साल पहले तो मुझे लगता था कि मैं 50 साल की उम्र में राजनीति में चला जाऊँगा। लेकिन अब ऐसा नहीं लगता। मैं अपने काम-धंधों से बहुत चिपक कर नहीं बैठता। मैं अपनी व्यापार की जिम्मेदारियाँ छोड़ता रहता हूँ। आज चार-पाँच साल के सफर के बाद मैं कह सकता हूँ कि राजनीति में जाना मुश्किल है। हाँ, अगर सरकार कोई काम देगी तो जरूर करूँगा।

चलिए 50 नहीं तो 55?

हाँ, कुछ कह नहीं सकते। राजनीतिक परिवार से हूँ। राजनीति

की बारीकियों को समझता हूँ। लेकिन आज की राजनीति का जो माहौल है, वो मेरे लायक नहीं है। राजनीति में जिस तरह से जाति का खेल हो रहा है, उसे देखकर मैं हैरान हूँ। युवाओं में भी यह रुझान देखने को मिल रहा है। मेरा मानना है कि राजनीति में सबको साथ लेकर देश के उत्थान में लगाया जाए।

❑❑❑